读懂投资人

一本书教会你股权投资和风险投资

陈胜——著

海天出版社
HAITIAN PUBLISHING HOUSE

·深圳·

序言

为什么会写这本书

曾经我作为投资业务入门的新手，一直有一个困惑，那就是如何才能快速变成一个眼光精准的高手。我们在学校里、书本上学了很多具体专业的理论，管理学、经济学、统计学、会计学、金融学等，我们貌似掌握了很多专业理论，但是在实际工作当中我们面对的往往是复杂、具体且动态变化的问题。比如给我们一个股权投资项目的信息，要快速判断这个项目有没有投资的潜力和价值，那要怎么办呢？这时候就需要有一个分析研究的逻辑框架，由分析框架分解出各种明细的决策指标，最终形成一个单指标决策的问题——投还是不投。

　　为了解决这个问题，我曾经查阅过市场上很多关于风险投资、股权投资、股票投资和经济管理等方面的书籍，可是没有任何一本书能提供一个浅显易懂、由表及里的分析框架。那时候我常常会花比较长的时间去研究前人既有的分析报告，但是我发现每个人分析的角度都不同，分析的着重点有很大差异，最终做出决策的影响因素也有很大的差异，对同一个项目可能给出的结论就不同。

　　我曾经很疑惑，一个项目值不值得投不就是一个是非决策的问题吗？为什么不同的人会有不同的结论？一个项目在未来发展情况是好还是不好，从结果来看也是一个非此即彼的问题，只有好或者不好两种情况。如果将来发展得好，而我们现在的判断是值得投，那就证明我们的判断是准确的；如果未来发展得好，而我们的判断是不值得投，那证明我们的判断是不准确的。所以，投与不投不是一个艺术的问题，而是一个科学的问题。投或不投，一定有一个是正确的。

科学问题就一定存在一个判断其是或非的逻辑，那我们就要去寻找这样一个逻辑，再通过寻找这个逻辑中的各项影响因素，来判断我们是否应该投某一个项目。我们学了各种学科的知识和专业理论后，该怎样去构建这样一个判断投资与否的逻辑呢？这是新人往往会面临的疑惑，甚至一些从业多年的股权投资和风险投资从业者也会面临这样的疑惑。

投资决策过程实质上是一个非常严谨的思考过程，可生活中我们常会看到与此不同的情况。比如孙正义投资马云只花了 15 分钟就做出了决定，也有很多风险投资人或创业投资人在电视节目中对一个项目进行投资决策往往就是在几分钟或者十几分钟之内做出的，那他们的投资决策过程是不是非常草率呢？其实也不是。他们凭什么可以快速地做出决策呢？有两点：第一是他们的决策指标非常清晰；第二是他们基于决策指标体系背后的经验数据已经非常丰富，可以辅助他们迅速地做出决策。

我们当然也希望像经验丰富的风险投资和股权投资从业者一样，能够用几分钟时间迅速地判断一个项目值不值得投，达到这样的判断水平不仅对行业内的从业者有用，对我们行外感兴趣者也非常有帮助。现在私募股权投资行业发展如火如荼，有大量的合格投资者在寻找新的投资项目和渠道，当一个基金公司提供了一个项目信息给合格投资者时，合格投资者也需要快速地判断是否对这个项目进行投资。

正是基于上述目的，才有了本书的出现。这本书主要是为了向新入行的从业人员、高等院校高年级学生、对本行业感兴趣的行外人员提供一个系统的投资决策思维逻辑。我们争取以一条投资逻辑为主线，将相关学科的专业知识和工具融会贯通，让读者看完以后学会迅速判断一个项目是否值得进一步跟进。同时，这也是一本可以向所有行业创业者介绍投资机构决策逻辑的参考书，通过对投资人行为和思维逻辑的了解，更好地理解投资人，从而在融资和后续合作中更好地与投资人进行磨合。

阅读此书的读者，我希望您最好读过经济学、金融学、财务管理、管理学、统计学、会计学等相关专业的书籍。如果没有读过也没关系，本书力求用最简单通俗的道理来进行讲述，遇到不理解的概念时，读者朋友可以通过互联网查询相关内容，整体上不会影响阅读理解。

在此，我要特别感谢前海人寿孙磊先生一直以来的鼓励和帮助，使得本书得以从单一的想法最终变成书稿。感谢海天出版社的编辑老师在本书出版过程中付出的艰苦努力。同时我还要感谢我的家人在本书创作期间对我的大力支持和付出，使我得以在夜深人静之际能专注于写作。

由于时间和水平有限，本书中的观点和内容难免存在不当或不严谨之处，欢迎各位读者指正。如果您有更好的观点和建议，欢迎您联系我，联系邮箱：guquantouzi2020@sina.com。

2019 年 8 月 10 日

深圳

目 录

第一章

影响投资的核心因素

一、投资的目的

在讲一个项目是否值得投资以前，首先要想清楚一个问题：为什么要投资？这个问题其实相当于另一个问题：投资的目的是什么？

不同的投资主体会有不同的出发点和不同的目的，有些是出于扩大规模（抢占和扩大市场等）的目的而投资，有些是出于产业整合（如收购上游企业，保障原材料供应；收购下游企业，保障销售渠道等；收购竞争对手，减少竞争成本、提高垄断收益）的目的而投资，有些是单纯出于财务投资获利（获取分红、获取转让溢价）的目的而投资。

本书所说的股权投资是相对普通大众或者投资机构而言的，主要是为了财务投资获利的目的。

二、如何实现投资获利

实现获利的方式是怎样的呢？

当然是要收大于支。那收从何而来呢？

我们花一笔钱购买一样东西，希望以后要么在持有期间能够带来收益，要么能够在转让的时候获取增值溢价，这是所有生意的本质。比如我们花一笔钱买一栋房子，是希望买了以后在持有期间能够获取租金收益，将来卖出去的时候还能涨价再挣一笔；或者我们压根儿就没想过买了房子以后再卖，就想着买了以后一直持有收租，通过租金回流的形式来获取回报。

上述房子的例子囊括了目前所有投资模式的现金流本质。目前已知的所有投资模式的现金流特征都可以抽象总结成两类：

第一类类似于债券。如有期限债券，投入一笔本金，在未来固定的时间内收取利息，在到达一定的期限时，一次性收回本金；或者是永续债，是一次性投入一笔本金，未来按一个固定或浮动的利率收取利息，永远不收回本金。

第二类类似于股票。如一直持有的股票，一次性投入一笔钱买这只股票，后续每年获取分红（可能为零或不为零），永不退出；或者是阶段性持有，一次性投入一笔钱买这只股票，后续一定时间（持有期）内每年获取分红（可能为零或不为零），直到有一天我们决定把这只股票卖掉，然后获得一笔股权转让款收入。

你所做的每一笔投资，都可以简化成上述两类中的其中一类来分析。如果有哪位读者朋友不相信的，可以自己任意举一些常见或不常见的投资案例，看看是否满足上面这个判断。

这个简化和分类有什么用呢？用处大了，因为这两种类型的现金流都有成熟的数学公式来计算其价值，债券的定价原理、股票的定价原理都已经是金融学、财务管理、工程经济等专业课程中反复讲述过的内容。想明白了这个简化方法以后，我们回想一下债券和股票的定价原理是怎样的呢？

答案是折现原理。以债券为例，我们把未来每一年的利息和未来到期日收到的本金按一个折现率折现到现在时点，就得出了这笔债券投资所产生的未来所有现金流入的现值，如果这个现值大于我们在现在时点投入的本金金额，即净现值（NPV）大于 0，那就可以说这笔投资挣钱了。再换股票为例，以一直持有的股票为例，我们把未来每一年的分红按一个折现率折现到现在时点得到其现值，如果这个现值大于我们现在时点的股票投资金额，即 NPV 大于 0，那也可以说这笔股票投资赚钱了。如果以持有一段时间再卖掉的股票为例，则情况变成了我们把未来持有期间每年分得的分红以及股票转让时收到的股票转让款按一个折现率折现到现在时点得到其现值，如果这个现值大于我们现在时点的股票投资金额，即 NPV 大于 0，同样可以说这笔股票投资赚钱了。

通俗来讲，投资最后就要两样东西：没有退出以前要分红或者要利息，退出的时候要有增值溢价。如果一个投资行为最终形成的现金流不能满足我们此处所讲的要分红、要增值收益的要求，那这个投资就是耍流氓。

所以投资收益的实现，必须要通过现金流才能完成！这个发现是我们以前非常多的教科书中一直忽略或没有重点强调的一个观点（教科书曾经强调净现值的概念，但没有强调现金流），也是实际工作中相当多的人一直忽略掉的一个极其重要的因素。

搞清楚了上面这些道理之后，我们就可以做出这样一个推断，如果投资项目的现金流是优秀的，那这个投资就是正确的，我们要做的就是确保这个现金流是优秀的。

那问题接着就来了，怎样的现金流才是优秀的呢？这正是我们在下一节中要展开介绍的投资决策的逻辑框架：我们要从哪些角度出发，通过哪些指标来判断项目的现金流是优秀的？

三、投资决策的核心指标

为了让人记忆深刻，我们不妨先直接告诉大家投资决策的核心考察指标是哪些，后面再来具体分析为什么。

任何一笔投资，核心的考察指标都是三个方面：收益性、风险性、流动性。

这个结论是人们在漫长的经济发展历程中归纳出来的，也是本书所特别强调和倚重的。如果把各种考察指标形容为从中国通往罗马的千万条道路，那这三个指标就是经过无数实践检验被证明是最可靠的"丝绸之路"，按这条路走可以快速、安全、准确地到达目的地。为什么这么说呢？

在任何一本传统金融学著作或任何一家金融机构管理的要求中，都有一个关于金融资产"三性"的论述，这"三性"正是安全性、流动性和收益性。人们对金融资产"三性"的管理要求正是在历经多次经济和金融危机，付出了惨痛的血泪教训后总结出来的。

为何对金融资产的"三性"管理要求可以适用于对项目的股权投

资领域？那就要回到何为金融资产的问题。金融资产又叫金融工具、金融产品，按学术的定义是指在金融市场中用来证明贷者与借者之间融通货币余缺的书面证明，其最基本的要素为支付金额与支付条件。通俗地讲就是证明产权和债权债务关系的法律凭证，是一种权利的证明文件，比如股票、债券等，故又称有价证券。而项目股权投资所获得的股权，不就是股票吗？所以这个适用性是一脉相承的。

本书所指的收益性、风险性、流动性，与金融资产的"三性"大致相同。下面，我们将从这"三性"出发，寻找相应的明细考察指标。（读者朋友如果在接下来的论述中感觉理解有困难，可以直接忽略进入第二章，并不影响整体理解。）

1. 收益性

投资必须要有收益，这是投资的目的，所以对收益考核的必要性无须赘述。

那收益要怎么来衡量和计算呢？究竟要达到多少的收益率才可以满足投资的要求呢？

我们还要从本章第二节的分析逻辑说起，优秀的（即可以被认为值得投资的）现金流要求折现的现值要大于最初投资时点的成本金额。那这里就会发现一个非常重要的问题，决定这些现金流现值的，除了有未来现金流本身外，还有一个非常重要的指标，那就是折现率。折现率放大可以缩减现金流现值的金额，折现率缩小则放大现金流现值的金额。如果选取一个适中的折现率，则可以使得未来现金流折现值等于现在投资时点的金额，也就是净现值等于 0。

上述这个适中的，使得 NPV 等于 0 的折现率就是内部收益率（IRR），这个指标就是衡量我们投资项目收益水平的核心指标。

上一节我们还在说 NPV 大于 0 才是衡量项目投资可行的一个指标，怎么这里变成了 IRR 才是衡量指标呢？其实可以看到，计算 NPV 的折现率是我们人为选定的。那究竟应该选多少呢？设定为 1%、5% 还是 10%？究竟哪个是合适的？这个问题其实在财务管理、金融学或工程经济等传统课程书籍中已经非常明确地提出了解决方案，就是折现率不低于自己的股东和债权人要求创造的收益率。就企业而言，相当于不低于自己的资本成本。资本成本（WACC）是通过加权计算而得，分为债务融资而来和权益融资而来，任何一本经典的财务管理书籍都提供并解释了这个计算公式：

$$WACC=（E/V）\times Re+（D/V）\times Rd\times（1-Tc）$$

其中，

WACC：Weighted Average Cost of Capital（加权平均资本成本）

Re：股本成本

Rd：债务成本

E：公司股本融资额

D：公司债务融资额

V：E+D

E/V：股本占融资总额的百分比

D/V：债务占融资总额的百分比

Tc：企业税率

至于为什么是按上述计算公式确定的，大家可以去翻阅相关的具体书籍，也可以简单记忆一下大概。因为你马上就会发现，使用上面这个指标来计算 NPV，是多么的麻烦，于是人们很快就找到了通过计算 IRR 这个更便捷的操作方法。

假如我们把 WACC 设定为一个数，使得计算出来的 NPV 是 0，那 WACC 必然等于 IRR。所以我们只需要计算出 IRR，再反过来和 WACC 进行比较就会发现，当 IRR 大于 WACC，则 NPV 就大于 0；当 IRR 小于 WACC，则 NPV 就小于 0。而通过计算机软件（如 Excel）可以在一瞬间计算出 IRR，拿着这个计算出来的 IRR，我们可以再反过来筛选不同渠道的投资人资金（投资人用于投资的钱也是通过寻找更多的小投资者募集而来的，这些小的投资者会有回报的要求，因此投资人的钱也是有成本的），把成本高于此数值的资金排除在外，把成本低于此数值的资金纳入可考虑的范围。

上述以 IRR 作为收益指标的确定过程就是这么从投资目的、实现目的的方式、快捷操作的实操要求等角度一路推导得出的。

凡是投资决策，必看收益情况；凡是收益情况，必看 IRR。

此时，也许很多朋友会有疑问了：我在日常生活中还接触到很多其他的指标，比如有人用净利润、销售利润率、投资利润率、投资回收期等指标来做决策，这些指标究竟是对是错？是否可以替代 IRR 指标呢？

对此，我们将在第二章对 IRR 作进一步的介绍，心急的朋友可以直接跳跃到第二章阅读相关内容，解除心中疑惑之后再返回本节。

2. 风险性

在讲述了任何投资都要追求收益，都要以收益率来量化衡量之后，我们来看"三性"中的第二性——风险性。任何投资都有风险，所谓风险，即是按原计划实现目标的不确定性。

我们为什么要特别强调风险这个指标呢？举个例子，大家就明白了。

假如我用 100 块钱去参加一场赌博，在我面前摆一个不透明的玻璃杯子，杯子里面可能有球或没球，如果我猜对了有球或者没球，那我可以赢 100 块钱。我猜对后的收益率就是 100%，猜对的概率是 50%，剩余的 50% 就是我的风险。如果是一个透明的杯子，我直接就可以看到里面有球或者没球，那我每次都会猜对。这种情况下对我来说获取 100% 的收益是没有风险的。假如我们只能玩一次，那我们会选择猜透明的杯子还是不透明的杯子呢？很显然，任何人都会去选透明杯子。这两种玩法的收益率都是 100%，风险却完全不同，做出的决策也就不同。这个例子说明人在做决策时潜意识里考虑了风险这个因素。因此，在研究和判断一个项目是否值得投资的时候，我们不能只看收益率，同时也要看风险的大小。

回到对所有投资活动进行高度抽象概括的金融市场，我们会发现二级市场股票收益率的风险测量方法已经在众多的专业教材（如各种版本的《证券投资学》和《统计学》）中进行过详细的阐述。人们广泛使用标准差（又常称均方差，用 σ 表示）反映收益率的离散程度（那些把数学知识忘得差不多和没有学习过这部分知识的朋友也可以选择忽略此部分内容）。

可惜风险大多数情况下并不是像上面介绍的这样可以完全量化的，因为首先风险因素就有很多，其次严格的概率量化也很困难，但是在项目判断中，我们却不能忽视。

对于项目股权投资来说，由于大部分并不属于上市公司，像证券投资学教材中那样对收益率的分布进行长期测量是不具备条件的，因此我们更多的是从全面的可能影响因素出发，进行定性的分析和描述，结合行业经验和自身经验判断风险的分布情况。金融市场中的债券市场给我们提供了可供借鉴的思路，人们经过多年的摸索，发现可以对债券进行信用评级，以区分不同债券的风险水平。我们同样也可以采用类似的定性打分的评价方法，自行构建行业和项目的风险评级体系。具体的方法大家可以参考中诚信国际信用评级有限责任公司等专业评级机构公布的评价体系和办法。

3. 流动性

讲完了收益性和风险性之后，我们必须要特别强调一个流动性问题。

我们还是回到金融市场中来学习和观察，正如本章第二部分所分析的，任何投资模式的现金流特征都可以抽象总结成两类：第一类类似于债券，第二类类似于股票。流动性好的债券和股票在二级市场可以便捷地转让，这是保证投资收益实现的极其重要的一环。无法转让变现的，或者转让变现有困难的，都存在一个流动性折价的现象（类似的还存在一个小股东股权折价、控制权溢价等现象），实际可获得的转让成交价都低于，甚至远低于所谓的估值。

对此大家看看新三板挂牌的股票就知道，长年没有成交量之后，其退出收益是根本无法保障的，所有的账面财富都是一张废纸，还不如去上海联合产权交易所或者深圳联合产权交易所等地方交易撮合机构挂牌退出。

项目股权在未来转让获得的转让款是构成项目投资未来现金流入的一个极其重要的来源（第二章将会再次阐述），因此未来是否能够顺利地退出，则是流动性考验的核心要求，对此的分析必不可少。

至此，项目股权投资核心的三个要素指标就介绍完毕。在后文的论述中，大家还会发现，其他的所有指标都被这三个指标囊括进来了，只要紧紧盯住这三个指标，就可以做出一个相对全面的投资判断。

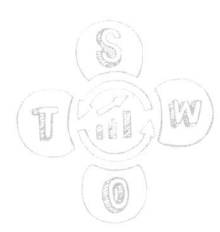

第二章

收益详解

一、资金的时间价值

资金的时间价值可以回答为什么其他指标，如净利润、销售利润率、投资利润率、投资回收期等都不是最适合用来做决策的。所谓资金的时间价值，就是指现在投入的 1 元钱和未来的 1 元钱是不相等的，现在的 1 元钱等于未来的 $1 \times (1+i)$ 元钱，i 就是年化的收益率。

第一章第三部分我们已经讲了用 IRR 来观测收益率是最合适的，IRR 是未来现金流入以其为折现率进行折现，使其折现值等于流出现金现值的一个数值。比如我们的总投资是 100 万元，全部在第一年年初投入，我们所获回报的现金流入是第一年年末的 105 万元，如果我们把这 105 万元进行折现，折算成现值等于 100 万元的时候，就会发现这个收益率 IRR 等于 5%，这个 5% 就是我们本笔投资的 IRR。

净利润为什么不能用于衡量收益率？因为收益率是一个动态的概念，而净利润是一个静态的概念，净利润并没有考虑到时间的价值问题。

我们举个例子，一个项目投入 100 万元，第一年年末这个项目就结束了，获得了 10 万元的净利润，这个项目的 IRR 就是 10%。如果这个项目持续了两年，到了第二年年末才结束，净利润还是 10 万元，那这样折算回来它的 IRR 就只有 4.88% 了。用更短的时间挣相同的利润肯定是更划算的。如果第一年年末就收到了 10 万元的利润，本金和利润一共拿回来 110 万元，我们把这 110 万元又滚动去投，假设还是年化 10% 的收益率，那第二年年末我们收到的本金和利润就变成 121 万元了。

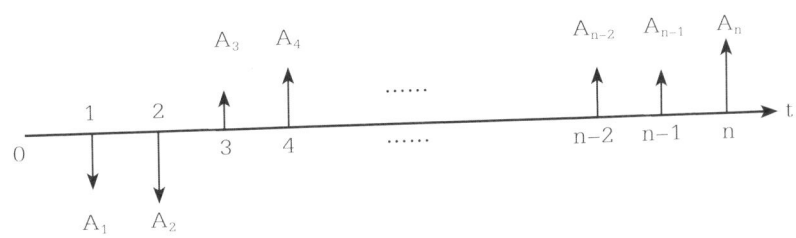

注：横轴表示时间，箭头线朝下表示现金流出，箭头线朝上表示现金流入。

图 2-1　现金流量图

因此，相同的净利润越早实现收益率越高，这反映了一个效率问题和资金的时间价值。

同样的道理，销售利润率是以净利润除以销售总额计算出来的指标，净利润和销售总额都是一个静态的指标，都没有反映出时间的价值，所以，销售利润率也只是一个静态的指标，不能反映出资金的时间价值。

投资利润率也一样，投资利润率是由净利润除以投资总额计算出来的，也没有反映出资金的时间价值。

投资回收期是指收到的现金流入刚好等于现金支出的时间点，这也是一个静态的指标，而且仅仅是一个时间的绝对值指标，不能用于判断收益水平。

净现值（NPV）是以一个既定的收益率折现后所得的这个项目现金流的净额。如果 NPV 大于 0，那证明这个项目的收益率是大于既定的收益折现率的；如果 NPV 小于 0，那这个项目的收益率是小于折现率的。但 NPV 使用起来没有 IRR 方便，不及 IRR 可以直观地呈现项目的具体收益率，所以我们通常更偏好于使用 IRR 作为一个项目收益率的指标。

二、现金流出（投入）

1. 为什么要关注估值

由于目前市场上已经有大量关于企业股权价值评估的专业书籍，各类估值方法专业详尽，无外乎收益法（以收益折现为核心原理，注重分析企业经营外部环境和内在管理等因素）、成本法（以资产重置成本为核心原理，注重分析企业资产、负债等内部因素）和市场法（以对标可比案例交易价格为核心原理，注重分析市场因素）三种。因此本书不讨论如何估值，主要讨论投资分析的框架，在此简要提及估值也是分析逻辑的框架结构所需。

在很多项目投资的交流会上，我们经常会听到投资机构问关于企业估值的问题。投资人问被投资企业最常见的问题就是：你想要融资多少钱，给我多少股份？或者是你现在企业的估值是多少，准备转让多少股份？

投资人为什么总要问这些问题？因为这是他的买入价格，是他的投资成本，这决定了其最关注的核心——收益。

既然说到收益，我们就要从 IRR 开始说起。前文介绍了 IRR 的概念，我们从中可以发现对 IRR 的计算其实就是对现金流的折现过程。这个折现过程既包含了对现金流出的折现，也包含了对现金流入的折现。现金流出是指我们投资某个项目所要付出的所有资金，结构上呈现在不同的时间点有不同的金额，这是根据项目投资的安排在不同时间点所要付出的资金。要计算 IRR，就必须要确定现金流出；要确定现金流出，就必须确定项目估值、投资金额和支付安排。

我们还是举一个例子，使大家更容易理解。比如一个项目 100% 的股权估值 1 亿元，现在想要引入战略投资者，愿意给予投资者 50% 的股权，需要投资者增资 1 亿元给企业用于扩大生产。这 1 亿元分 5 年打入企业，每年 2000 万元。用现金流的轴线图来表示，下图中的 F_1—F_5 就是我们每一年支出的现金流，在现金流图中以箭头线朝下表示。

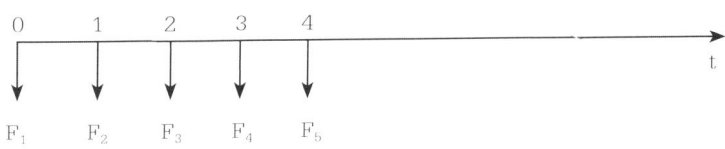

图 2-2　现金流支出图

可能有些非业内的朋友会非常疑惑，因为往往我们在生活当中碰到的一些情况并不是如上图所示。还有些情况是对方公司 100% 股权估值 2 亿元，愿意以 1 亿元的转让对价转让 50% 的股权，这 1 亿元的股权转让款分 5 年支付，每年 2000 万元。这种情况与上面的例子有什么差异呢？这种情况在我们的支出现金流结构上其实没有变化，和上面的例子是完全一样的，但是对被投资标的来说意义却完全不同。这两个例子分别代表了增资入股和老股转让的情况。

2. 老股转让

为了便于理解，我们先说老股转让的情况。所谓老股转让，就是老股东把自己的股份转让，被投资标的公司的注册资本没有发生变化。举个例子，某公司原来注册资本 1 亿元，每股 1 块钱，只有一个股东持有这全部的 1 亿股。假如现在公司估值 1 亿元，股东想把持有公司的 50% 股权卖掉，转让价 5000 万元。我们如果要去买这 50% 的股权，就要付给他 5000 万元，他再到工商局去办股东变更登记，变更后他持有 5000 万股，我们持有 5000 万股。所有的交易行为都是在我们和这个被投资标的股东之间进行的，我们给的这 5000 万元直接给到这个股东个人，并没有进入被投资企业。

3. 增资入股

增资入股是什么概念呢？增资入股是指通过投入资金增加注册资本的方式投资获得股权。还是以上面这个注册资本 1 亿元，每股 1 块钱，股东就一个人的例子为例。公司 100% 股权现在估值也是 1 亿元，但是情况变成了这个企业本身要扩大再生产，需要 1 亿元资金用于投建生产线，但是企业没钱了，怎么办呢？那就再找一个能提供 1 亿元资金的人做股东，增加企业的注册资本至 2 亿元。在新股东进来之前的企业估值是 1 亿元，现在新股东也投入 1 亿元，等这笔钱投入以后，新股东享有的股权比例和原股东的股权比例应该是相同的，因为二者付出的价值都是相等的。由于企业的股权总比例是 100%，因此增资完成后，新股东和原股东就各占 50%，这种情况就是增资入股。在增资入股的情况下，钱没有给到原股东个人，而是直接投入企业，原股东的 100% 的股权比例也因为引入了投资者而被稀释成了 50%。

可能有些刚刚开始接触这个行业和概念的人还有点不能理解，那我们就换一个生活中的"老汉卖公狗"的例子再来描述一下。一个老汉的甲养殖场养了 100 条公狗，一个老太的乙养殖场养了 100 条母狗。公狗的价格是一条 10 元，母狗的价格是一条 40 元，也就是说老汉的甲养殖场值 1000 元，老太的乙养殖场值 4000 元。这时出现一种情况，老汉唯一的儿子娶媳妇需要 1000 元彩礼，老汉儿子和老汉没有钱，只好把公狗全卖了。这时候老太去买老汉的养殖场，老汉收了 1000 元，甲养殖场归老太所有，从此与老汉再无关系，这就是老股转让。而另外一种情况，老汉有三个儿子，想再多养一些狗，多准备一些钱做彩礼，那就要扩大甲养殖场的规模。他找到老太，跟老太说："我这儿有公狗，你那儿有母狗。要不我们合伙一起养，将来下了崽儿，卖掉的收益按比例来分配。"老汉的甲养殖场值 1000 元，老太的乙养殖场值 4000 元，加在一起值 5000 元，合伙后老汉占新养殖场股权的 1/5，老太占 4/5。将来生了小崽儿卖掉的利润也按照这

1/5 和 4/5 的比例来分配。对于老太来说，她这 4000 元是直接投入到养殖场的，而不是直接给老汉，这种情况就是增资入股。老股转让和增资入股的核心区别就是资金是给了老股东还是投入到企业。

讲完上述两个例子，大家对估值这个词的概念就会理解得更深刻，因为它是决定我们现金流出的一个最重要的基础，大家会发现估值对整个项目投资收益的影响是极其重要的。如果估值确定了，投资金额也确定了，那对应享有的股权比例也就确定了，而股权比例又是决定现金流入一个非常重要的指标。

三、现金流入（回报）

1. 流入从何而来

前文讲完项目收益需要确定项目的现金流出之后，我们紧接着就需要了解我们可以获得哪些回报。分两类：

第一类，对于普通的非产业投资机构（财务投资）来说，投资一个项目，能获得的回报只有两种形式：第一种是持有股权期间的分红，第二种是不再持有而转让股权的对价。

第二类，对于产业整合型的投资者来说，获得回报的方式有三种，除了前面所述的两种回报之外，还有一种就是因为并购之后产业协同而减少的总体成本费用或者增加的额外收益。比如一个行业内主要的龙头企业是甲企业和乙企业，他们的市场占有率分别是 40% 和 35%，两者合计占有的市场份额达到 75%，现在两家企业为了争夺对方的市场份额都花了大量的资金做营销推广。以甲企业为例，其每年额外增加 1 亿元营销费，乙企业为了保住目前的市场也要额外花 8000 万元营销费。甲企业如果收购乙企业的控股权之后，甲乙企业就成了一家，这样就不用再像以前一样互相竞争，用于营销的费用就可以立即减少。对于甲企业来说，除了从乙企业获得分红以及未来退出时获得收益外，还可以获得每年节省约 1 亿元的营销费，这节省的 1 亿元营销费，就是上面所述的第三种回报（因为这种成本费用的节约最终都会汇总到利润而形成分红）。

因为本书的大部分使用者都是非产业投资者，更多的是投资机构或者普通投资（财务投资）人，所以我们更多地集中对第一类情况的现金流特点进行研究。那持有股权期间的分红由哪些因素指标决定呢？第一是持有期间每年的净利润，第二是持有期间每年的分红比例。

2. 转让价

说完分红，我们再说转让对价。把企业在未来某个时点之后的所有现金流入做一个折现，计算成转让时点的 NPV，这个转让时点的 NPV 就是转让对价。转让时点之后的所有现金流入的决定因素和持有期间的分红决定因素是一样的，即持有期间的每年净利润和持有期间每年的分红比例。

除此以外，转让对价的确定还和折现率有关，折现率是与未来时点当时和之后市场对投资收益的最低要求有关的，转让对价的折现相当于把图 2-3 中的历年现金流（F_i）折现成图中的 NPV 一次性收取。

$$NPV = \sum \frac{F_i}{(1+i)^n}$$

如果这个公式没看懂也没关系，只要记住图 2-3 中的"大箭头"价值等于图中所有小实线箭头价值之和就行了。

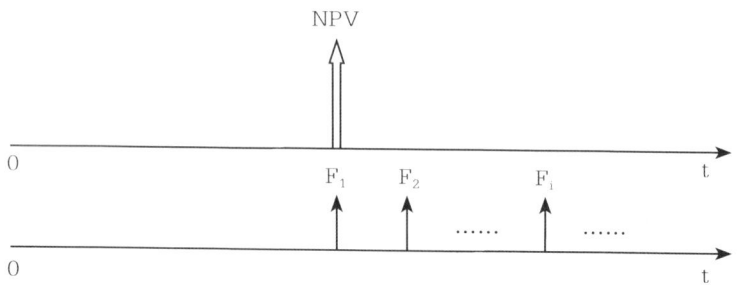

图 2-3 转让对价折现图

所以，现金流入的价值决定因素最终都是由项目持续经营期间每年的净利润和经营期间每年的分红比例决定的。搞清楚了上述逻辑，我们要观测和判断的指标就变成了未来持有期间每一年的净利润情况，以及其所采取的股利政策。

四、资金的进出结构

1. 进出结构怎样影响 IRR

回顾 IRR 的计算过程，大家知道 IRR 的大小除了与现金流出和现金流入的金额大小有关外，还和时间点有关。为了加深大家的印象，我们来看如下几种情况：

第一种：投资支出发生在第一年年末和第二年年末，都是 100 万元，合计投资支出 200 万元，在第七年年末获得了 50 万元的分红，在第八年年末获得了 250 万元的转让价款，经过计算，发现这种情况的 IRR 为 6.61%（可以用 Excel 中的 IRR 函数功能自己算一下）。

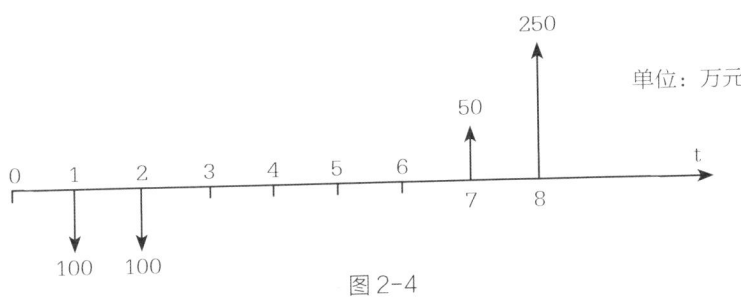

图 2-4

第二种：如果我们把投资金额减少至每年 90 万元，其他的都不变，那结果如何呢？按这种情况进行测算，发现 IRR 变成了 8.39%。

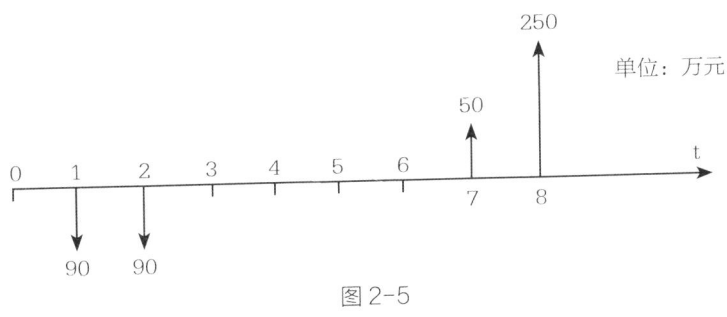

图 2-5

第三种：如果我们仅仅是把投资支出全部提前一年，金额也不作变化，那效果又是怎样的呢？这时候 IRR 变成了 5.68%，低于第一种情况。仅仅是投资支出的时点发生变化，就导致收益率的变化，这可能是很多人没有意识到的。

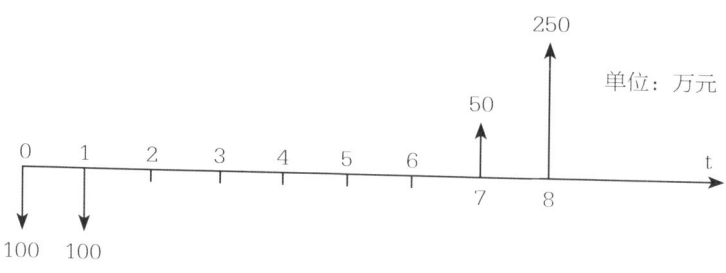

图 2-6

第四种：如果我们在现金流支出的安排上再稍作变化，比如把投资支出全部集中在一开始，即在时点为 0 的这个时刻一次性投入 200 万元，其他的都不变化，那结果又会是怎样的呢？这种情况下项目的 IRR 变成了 5.31%，比第三种情况更低。这个例子说明了为什么很多投资机构在决定投资以后，仍会选择尽可能地分批出资，根据企业需要逐笔将资金注入，而不是一次性就把资金全部支付到位。

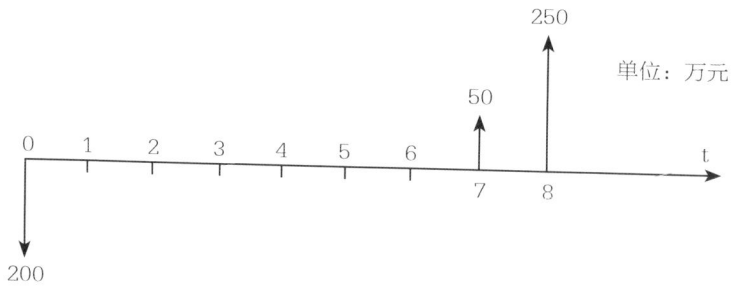

图 2-7

第五种：如果我们还以第一种情况下的投资支出安排为基础，但是在收入端有所变化，比如提前分红，那收益率会有什么不同呢？为了对比强烈，我们把分红时间放在第三年年末，那 IRR 变成了多少呢？IRR 变成了 7.60％。这说明，投资回收的时间越早，对收益率越有帮助。

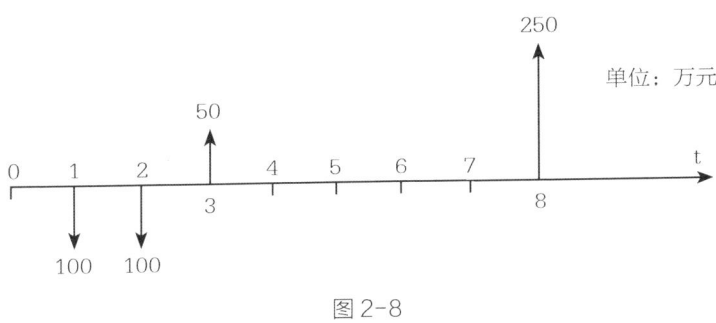

图 2-8

第六种：我们还以第一种情况下的投资支出安排为基础，在收入端有所变化，但不是分红时间的提前，而是分红金额的增加，比如把分红金额从 50 万元提高到 100 万元，那收益率变成了多少呢？IRR 变成了 9.42％。

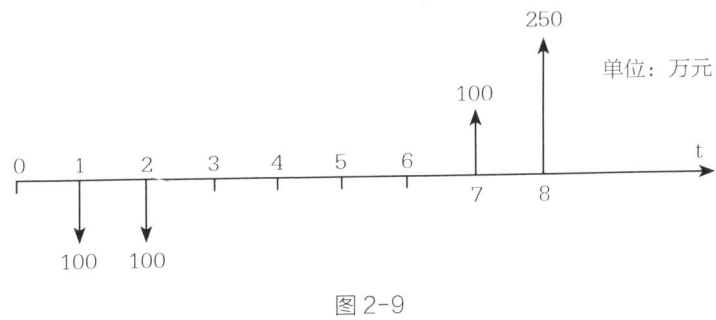

图 2-9

看完上述例子，建议读者朋友们冷静回想几分钟，自己琢磨琢磨其中的奥妙。

2. 如何获得更高收益

从上面的例子我们可以总结出，若要使 IRR 尽可能大，则需要尽可能争取以下几个因素：

①各年的现金流出金额尽可能小；

②现金流出尽可能靠后支出；

③现金流入金额尽可能大；

④现金流入金额尽可能安排靠前。

这个结论告诉我们，为什么投资人要尽可能地自己去分析一个企业的估值。如果创业者虚报一个不靠谱的估值，而投资者不假思索就接受了，那流出的成本和现金就越大，对收益率的损害是极其严重的，这在性质上属于投资的事故，而不是失误。

这就是为什么我们很多创业者在找投资人的时候会发现，投资人不会不谈估值而单纯谈出资，这也说明了投资人为什么非常注重投资资金的安排，为什么大部分投资人都喜欢分阶段付款。

同样，投资人也会极其关注企业未来的盈利情况，因为未来投资收益的实现，在投资之后最终都由企业的盈利情况和股利政策来决定。

除此以外，大家还记得我们第一章第三部分所说的风险吗？是不是未来的现金流会如预期的一样发生呢？按预期发生的可能性大吗？会不会有什么意外呢？

简单地说，只要会导致现金流不如预期那样实现的所有不利因素，都是风险。

那都有哪些风险呢？请看第三章。

第三章

风险详解

一、项目都有哪些风险

但凡看过项目管理或者金融学等相关书籍的朋友都会有一个感触，一旦说风险，很多书籍往往会逻辑缜密地罗列一大堆所谓的风险因素，事无巨细，尽可能不漏一项。那些书多半会从风险管理的基本程序，包括风险识别、风险评价、风险控制和风险管理等环节开始介绍，然后再把风险进行分类，划分为市场风险、政策风险、管理风险、法律风险等，再逐一展开，但读完以后，我们往往一点也没记住，因为实在是太晦涩了，我们很难在这么多风险之间建立一个令人记忆深刻的核心的联系纽带或逻辑。

本书对风险的定义采用非学术的定义方式，尽可能以形象易懂的方式让大家理解并记住。结合第二章关于 IRR 的详解内容，大家可以把不能保障未来现金流按预测状态或者更好状态实现的所有不利因素，都看成风险因素。

因此分析角度就简单了，只有利润层面、分红层面、未来退出层面的风险。

首先要保障有利润，这样才有分红的基础；其次要保障有了利润还要愿意分红、应该分红、有现金分红；最后才是能通过退出方式收到最后一笔现金。

二、利润层面风险

所谓利润层面的风险，就是指被投资企业未来不能实现预计的利润水平。

要保障利润的实现，我们首先要理解利润是怎么形成的。利润是销售收入减去成本费用和税金后的结余。也就是说，利润的一切起源在销售收入，销售收入存在的底层逻辑是被市场认可，说明企业的所有行为是有意义的，换句话说就是整个企业的盈利模式是正确的，盈利模式的正确是企业能够活下去和继续发展的根基。这就是为什么盈利模式是创业者在第一次见投资人的时候总会被问到的一个问题。除了盈利模式正确、可持续风险以外，我们按事物存在的前提及继续存在的各必要条件的逻辑顺序，将包括盈利模式风险在内的一系列保障利润的风险因素罗列如下：

①盈利模式的可持续风险；

②市场规模的持续风险；

③市场占有率的持续风险；

④产品的可持续（替代品）风险；

⑤管理效果（如保障研发销售、节省成本费用、团队的执行力等可持续优秀经营状态）的可持续风险。

为了让大家理解和记忆上面这个顺序，我们简要阐述一下为什么是这么个逻辑顺序：首先，盈利模式正确且可持续，企业的方向才是正确的，所做的一切才是有必要的，才能活下去；其次，企业要想在这个正确的方向上获得成功，就要尽可能地保障市场规模足够大，而不是一个萎缩的市场；再次，要在这个市场中尽可能地扩大自己的市场占有率，在市场竞争中始终占据上风；然后，企业自己的产品（战术层面）要有可持续的能力，即市场需求存在，自己的产品不会被别人的产品打败；最后在内部因素方面，企业团队要有持续的稳定表现，最终呈现出的管理效果是销售收入的稳定增长，成本费用不变或下降。

搞清楚这个由表及里的逻辑以后，我们接下来将详细阐述各风险因素的内涵。

1. 盈利模式可持续风险

盈利模式有千万种，但最终总结到本质层面的就两种：

第一种是第一次发现某种需求后靠提供产品或服务满足需求而获得利润的类型（这种类型本书称之为"原创需求满足模式"）；

第二种是在别人已经发现了一些需求后通过提供更节约成本的方案或产品而获得利润的类型（这种类型本书称之为"改善需求满足模式"）。

本书之所以要做出这样两种划分，是因为这两种盈利模式代表了完全不同的收益水平。第一种原创需求满足模式往往因为创新，因为产品供给的稀缺而可以享受到一定期限内的超额利润，而第二种改善需求满足模式则在一开始就面临着原来固有市场中一部分老客户的习惯抗性，一开始就存在着竞争者，因此第二种类型的利润水平相对不及第一种高。

想明白了这两种类型的划分方式，我们举一个例子加深理解——相机胶卷的案例。人们有照相的需求，在以前使用胶卷的时代，人们拍照后需要洗照片，如果拍得不好，重拍的时间成本和经济成本就比较高，胶卷使用完了还需要更换胶卷，这多少有些不方便。商家发现人们有自己便捷拍照和保存相片的需求，后来数码相机的问世，彻底解决了这些问题，一直存在的需求得到满足。数码相机的问世，在早期获得了超额的利润，而原来的胶卷生产企业，则因盈利模式不可再持续，纷纷倒闭。再举一个关于盈利模式可持续风险的案例：在微信出现前，人们发送短信、打电话都是通过几大运营商提供的服务完成。微信出现以后，这些功能通过微信即可完成，而且几乎是免费的。这对运营商的短信业务构成极大的威胁，原来靠短信业务盈利的模式几乎在一夜之间就宣告结束了。

大家此时就可以发现，原来一个企业要倒闭也很容易。盈利模式的不可持续往往涉及需求的整体丧失，或者原来需求被新的盈利模式剥夺殆尽，因此盈利模式的可持续与否是一个企业生死存亡的风险之一。盈利模式的变化往往是行业外的技术发展导致本行业模式的不可持续，因此对本行业内的经营者有极大的迷惑性和突发性，对企业经营者来说是真正的灰犀牛。

盈利模式的风险判断对于人的认知能力、行业经验和视野有非常高的要求。投资人因为见得多，了解的行业多，所以容易迅速地识别出一个企业的盈利模式是否能够长期可持续。而一个企业本身的经营者（创业者）却由于专注自身行业或经验的限制往往看得不如投资者深刻和全面，因此就经常存在创业者认为很好的一些盈利模式在投资者那里却被认为一文不值。这并不是说创业者能力水平低于投资者，而是说因为角度和视野的不同而导致这种现象。正是因为有太多的创业者局限于自己的行业和人生经验，对盈利模式的把控和理解多多少少会出现一些偏差，所以现实生活中大部分创业者的创业失败率极高。

没有盈利模式的企业，不论有多少投资人疯狂涌入，最终都只是一个骗局。

盈利模式的核心影响因素也是一个行业发展的关键影响因素，需求（尤其是能付费的需求）、供给、发展条件等都是其中主要的常见因素。

所以投资者在见创业者的时候往往第一句话就是：请你用一句话说清楚你的盈利模式！这个问题是投资者心中第一个关心的问题，同时也是下面将要讲到的第二个问题（市场规模的持续风险）的开端。

2. 市场规模的持续风险

讲完了盈利模式可持续风险，我们再来讲一讲市场规模的持续风险。

市场规模的持续是指某种需求的市场是处于稳定或者增长的状

态，没有呈现出萎缩状态。举个例子，一个企业生产的产品是心脑血管相关的药品，那这类药品的需求人群是哪类人群呢？是有心脑血管疾病的人员。这些人员在人口结构上有什么特征呢？大部分是 40 岁以上的中老年人。那这样的人群数量未来的发展趋势是怎样的呢？未来这类人群的患病率又是怎样的呢？如果这类人群数量是下降的，患病率也是下降的，那这个市场规模缩小的风险就很大；如果人群数量是增长的，患病的概率没有变化，那市场规模缩小的风险就比较小。

对市场规模的判断比较复杂，要基于每一种盈利模式的不同分别去分析其细分市场情况。所以我们经常能听到投资者在和创业者进行交流的时候会问一个问题：你这个市场有多大，市场的发展趋势是怎样的？

2.1 行业（产品）生命周期

我们在实际操作中要如何来判断一个企业所在行业或其主要产品市场规模的发展趋势呢？任何一个企业或企业的产品都一定会属于某一个行业，一定会处于自身行业的某一发展阶段，通过一些指标了解这个行业目前所处的发展阶段，就可以知道行业未来的发展趋势。这其中最重要的就是关于市场规模的发展趋势。

这时候要使用一个概念——行业（产品）生命周期。

行业（产品）生命周期是指行业（产品）从产生到完全退出社会经济活动所经历的整个过程，主要体现为四个发展阶段：导入期，成长期，成熟期（也可叫"高峰期"），衰退期。我们可以用图 3-1 行业（产品）生命周期曲线图来表现行业（产品）生命周期的各阶段特征，曲线图的横轴代表的是时间，纵轴代表的是行业（产品）的销售额。

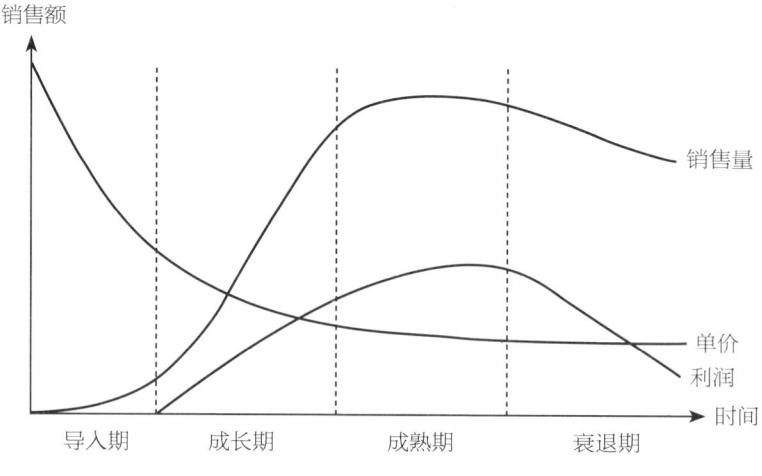

图 3-1　行业（产品）生命周期曲线图

行业（产品）生命周期曲线没有考虑具体的单一产品型号、质量、规格等差异，主要从整个行业的角度来反映行业市场规模发展趋势的特征。

（1）导入期

第一阶段是导入期，这一时期产品刚刚推出市场，产品开始逐步被市场认同和接受，行业开始形成并初具规模，这是行业（产品）生命周期的幼年时期。此时行业内企业很少，市场需求的产品质量不稳定，产量少，成本高，发展速度慢，因此规模效应尚未显现，行业（产品）利润率较低。

由于此阶段是一个蓝海市场，行业中企业主要精力集中在获取新客户和占领市场上，对产品的完美程度或性价比的追求并不是第一重要的，因此此阶段的技术方案也有很大的不确定性（企业还没有把精力放在降低成本费用上），此阶段的进入壁垒较低，但企业在此阶段需要付出极大的代价来培育市场、完善产品，随着企业的发展和行业的发展，可能会在行业中确立先入优势。

在这个时候选择投资和进入其实风险是相当大的，除非经营团队能够确保市场开拓的成功，保障竞争优势能够持续存在（比如持有专利，可以排除竞争），否则在后续的成长期，企业将不得不面对市场上急速增加的疯狂竞争者。

（2）成长期

第二阶段是成长期，经过导入期的消费者教育、市场推广，此阶段产品市场需求急剧膨胀。成长期的市场迎来了高增长阶段，所有企业都极尽所能地野蛮发展，行业内的企业数量迅速增加。

产品和技术逐渐趋于稳定，行业特点、行业竞争状况及客户特征也已经比较明确。此时企业的进入壁垒有所提高，早期进入的企业已经建立起一定的品牌优势或技术优势，但由于行业利润率的迅速增加，行业也迎来了产品种类及竞争者数量的爆发。

此阶段行业在经济结构中的地位得到提高，产品质量提高，成本因规模效应形成而有所下降。对投资者来说，此时是进入该行业的理想时机。

（3）成熟期

第三阶段是成熟期，经过前两阶段的市场开发，市场需求已经被开发殆尽，行业内企业已经很难再获得整体的高增长率，需求增长率不高，行业内企业之间竞争也日趋激烈，此时行业内企业间的竞争完全从抢新增市场份额转变为互相之间争夺对方的市场份额。

此阶段产品和技术已经成熟，行业内企业开始不得不关注和强调成本费用率的管控，成本进一步下降，利润水平在较短的时间内还比较高，但是随之而来的是由于需求逐渐满足，行业增长速度减缓，买方市场开始形成，因此行业利润开始下降，新产品开发推广开始变得困难，行业进入壁垒很高，新来的竞争者贸然进入将会面临极大的竞争风险。

这个时期的市场竞争激烈，企业进入门槛很高，除非有强大的资金和技术实力，否则难以取得成功。对投资者来说，在这个时候反而是退出的良好时机。

（4）衰退期

第四阶段是衰退期，这一时期由于技术进步或是需求变化，可替代的新产品出现，行业将逐步走向生产能力过剩状态。这并不一定是供给增加所导致的，更多的可能是需求已经被大面积满足后的需求萎缩导致产能的相对过剩，这时行业进入衰退期。

这个阶段技术成熟，产品及其替代品也因为前期各阶段新进入企业的搅局而充斥市场，各企业所提供的产品无差异，质量差别小，市场增长率严重下降，需求下降，在产品价格难以继续增长的情况下，成本费用的管理被重点关注，一些低成本的伪劣假冒产品也随即出现，进一步对行业造成不良影响。

此阶段行业发展到后期，竞争者数量将逐步减少，一些企业开始转移生产领域，并逐步退出该领域。因为很多企业被自然淘汰，最后剩下的企业也苟延残喘，勉强度日。

此时对投资者来说不宜进入此行业。

2.2 市场规模的统计指标

上面对行业（产品）生命周期概念介绍了这么多，要怎么用呢？我们要怎么宏观地判断一个拟投资的企业或其所在的行业正处于行业（产品）生命周期的哪个阶段呢？

此时我们需要统计一下目标企业所在行业历年的市场销售数据，然后绘制成曲线图。绘制出来的曲线图（见下面四个图）在总体表现上一定是符合行业（产品）生命周期曲线特征的，只要查看其符合哪一种特征就知道其所处行业属于哪个阶段。

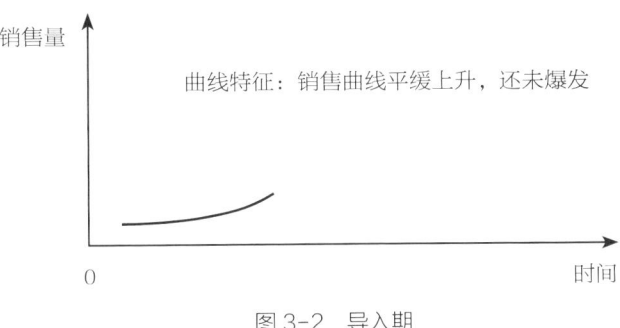

图 3-2　导入期

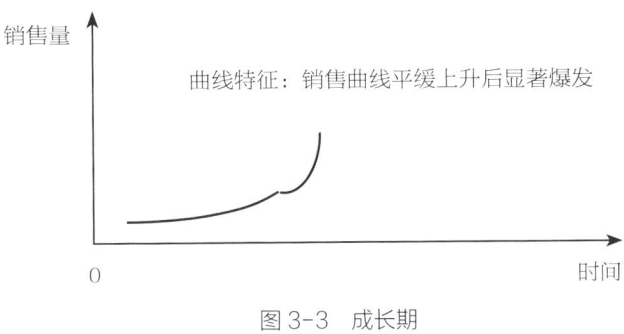

图 3-3　成长期

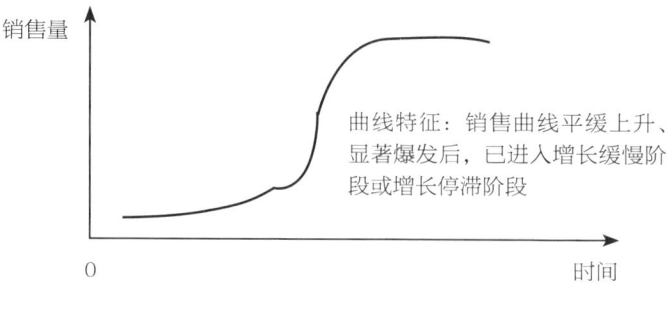

图 3-4 成熟期

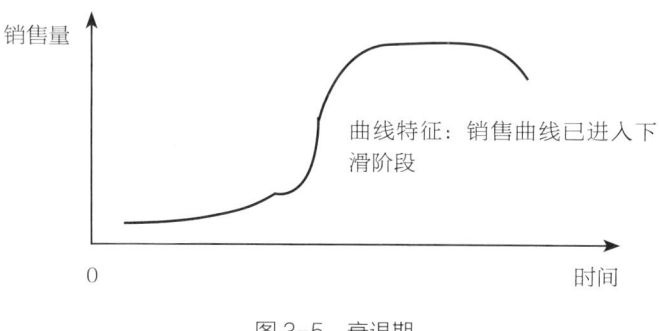

图 3-5 衰退期

上述行业（产品）销售数据，读者可以通过行业协会、地方和国家统计局公布的统计数据，以及各个商业服务机构获取。

当上述销售数据无法通过统计汇总获得时，可以用需求数据来代替销售数据，因为市场规模其实就是市场需求的规模。前面之所以要用市场销售额的数据来表示和计算，是因为市场销售额是市场上已经确认转化为实际购买行为的需求，即已经实现的需求，虽然可能比潜在的需求小，但也表示了市场需求的变化趋势，与市场潜在需求是正相关关系。

2.3 市场规模的核心影响因素

上面我们介绍了行业（产品）生命周期特征，也介绍了怎样通过一个行业的销售数据来反映这个行业所处的生命周期阶段，但上述所有内容都只是说了行业、产品和企业的现状，还没有说未来。

现状如此，那未来将是怎么样的呢？

如果一个企业所在的行业现在处于成长期或者成熟期，那我们是不是就一定可以选择投呢？如果这个行业的成长期特别长，成熟期也特别长，那我们在成长期投资这个企业，进入这个行业，是有比较长的获利和回报时间的，投资风险相对较小。但如果成长期特别短，迅速就可以达到成熟期，而且成熟期也特别短，迅速就会进入衰退期（部分电子产品的更新迭代就属于这种类型），那这种情况我们还敢轻轻松松地投吗？

所以说，虽然最好的投资时间是在导入期或者成长期，但并不代表处于导入期或成长期的企业都可以投！我们还要分析这个行业或产品的生命周期长短，以及四个阶段的长短。只有掌握了各阶段变化趋势和各阶段的长短，我们才能决定是否投资。

除了生命周期各个阶段的长短是一个影响因素外，各年销售额的上限也是一个影响因素。如果销售额成长到最顶端的绝对值不是特别大，相当于这个市场总体可预见封顶规模不大，那就没有大额投资的意义。很多风投机构会选择一些没有市场天花板的行业和企业进行投资，而对于一些特别小众的行业内的企业，即便其有很强的成长性，他们也不愿意投，因为其总体规模是有天花板的。

总结一下，投资者致力于寻找一个规模不断增长（成长期），或者规模虽然增长不够迅速但足够大的市场（成熟期）。换句话说，就是在可以预见的短期范围内每年销售额都可以持续增长的行业；或者在未来可持续较长一段时间内，虽然每年销售额没有增长或者略微有所下降，但是年总销售额特别大的行业。

因此，影响市场规模的核心因素也可以从两个角度来进一步分析，那就是影响销售额的因素和影响生命周期的因素。

（1）影响销售额的因素

影响销售额的因素主要有三个：第一个是需求的基数；第二个是转化率（转化率是一个极其复杂的最终结果体现指标，不同行业有不同的转化率，转化率受诸多因素影响。某些行业的转化率不是通过行业努力就可以改变的，比如医疗行业的生病概率；有些行业的转化率则可以通过营销宣传或者其他方面的努力改变，比如使用空调、智能手机等的人群转化率）；第三个是销售价格（销售价格既和产品在行业价值链条中的相对地位有关，强势地位的具有分配权，弱势地位的只有被动参与、接受的资格；也和行业内供需情况相关，供不应求自然价格上涨，产能过剩自然价格下跌）。

比如茅台酒的销售额，它的影响因素宏观来说是以下三个：

第一个是酒的总体需求量（基数）。假设全国有饮酒需求的人口是4亿，平均每人每年饮酒6公斤，一年累计饮酒需240万吨。这个240万吨就是需求的基数。

第二个是购买茅台酒的比例（转化率）。这又进一步细分为有喝酒需求同时又强偏好茅台且有购买力的人口比例。假设这4亿人当中强偏好喝茅台的人经统计发现约有40%，而这40%的人中具有购买力的人只有 7%，则估算茅台的年销售量为 240×40%×7%=6.72 万吨，转化率就是 6.72/240=2.8%。

第三个是茅台酒的销售价格。假设茅台酒整体出厂销售价格是 118 万元 / 吨，则全年销售额是 6.72 万吨 ×118 万元 / 吨 =793 亿元。关于茅台酒的销售价格，在 2018 年曾经有人以零售价 1499 元的 53 度飞天茅台酒举例，其生产成本约 48 元（占售价的 3.2%）、销售与市场费用约 46 元（占售价的 3.1%）、管理费用约 78 元（占售价的 5.2%）、税约 96 元（占售价的 6.4%）、经销商费用约 495 元（占售价的 33%）、利润约 736 元（占售价的 49.1%）。而红星二锅头清香型 56 度 500ml×12 瓶整箱装的零售价是 168 元，平均每瓶的价格为 14 元，和茅台的价格相差了 107 倍。这个售价反映出茅台在白酒行业中的强势地位和话语权，但是其成本费用和利润分配格局也反映出茅台在整个白酒产销价值链条中与经销商的关系极其密切。

上面仅仅是简单举个例子，茅台酒的实际消费现状也许与此差异巨大，本书不强求数据准确，仅提供分析的逻辑框架。

（2）影响生命周期的因素

影响生命周期的因素主要是指影响其总体周期长度以及各阶段长度的因素。

生命周期长度和需求的持久程度高度相关，生命周期越长，则要求越长的持续时间内一直都存在相关的需求得到满足。还以上述茅台酒的销售为例，如果人口结构是一个年轻化的状态，壮年人口逐步从青年人口开始转移，逐渐增多，则酒类生命周期在这样的人口环境中将逐步进入导入期；如果壮年人口随着时间的推移迅速增多，则相关的需求将同步进入迅猛增长阶段，酒类的生命周期也将进入成长期；如果壮年人口在发展到一定阶段后数量增长缓慢，并且逐渐趋于不再增长，则酒类的生命周期也将逐步步入成熟期；如果老年人口急剧增加，壮年人口急剧缩小，则酒类的生命周期将急速进入衰退期。

凡是与人口结构高度相关的行业或产品，其生命周期都与人口结构变化和各年龄段的人口数量高度相关，各阶段人口数量稳定性越大，变化越平缓，相关的行业或产品生命周期就越长。第二次世界大战后各国出现了婴儿潮，多年后这股婴儿潮催生出各类需求，极大地刺激了经济的发展，对行业的周期性也产生了巨大的影响。再比如，日本的房地产行业，其生命周期也与其国内人口结构高度相关，日本在步入老龄化社会之时，可以预见房地产行业的生命周期已经开始进入下半段，高速增长显然是不符合科学逻辑的。也许因为购买力和储蓄延缓等原因，会导致住房购买或消费有一定的时滞，但这仅是体现在行业生命周期整体的时滞，并不改变行业生命周期自身的波动规律。

除上述人口结构外，需求偏好的变化、技术的更新迭代等都可能会是导致行业生命周期中各阶段发生急剧变化的原因，且往往是往不利方向变化的。如消磨时间的方式，在 30 年前对大多数人来说也许是读书看报，在 20 年前也许是看电视，在 10 年前也许是上网，而现在则可能是刷抖音、刷头条等，这些就是需求偏好的变化。这些变化会导致什么后果呢？对于书报，尤其是纸质报纸，在现在看来已经几乎没有市场了，纸质报纸行业的生命周期因为消费者需求偏好的变化，成熟期和衰退期急速地缩短了。

以上分析思路并不代表所有的行业或产品的生命周期影响因素，

不同的行业或产品，其影响因素可能各不相同，读者朋友在投资决策和阶段研究时，要在深入理解其盈利模式、需求来源、市场特征和结构的基础上，判断未来生命周期各阶段的特征和趋势。

2.4 市场规模与经济周期

近些年读者朋友们也许经常会在自媒体上接触到各类经济周期的概念，其实无非就是行业（产品）生命周期的体现。大家也许发现了这样的周期规律，却没有发现周期驱动的核心因素，但如果从行业（产品）生命周期的规律和影响因素来挖掘，就可以轻松地驾驭和掌握各类经济周期的各阶段规律特征，因为所谓的经济周期其实就是各大类资产的行业（产品）生命周期的叠加而已。也许有些读者朋友还会有所质疑，我们再举一个例子。

经济周期的众多研究结果中提到了一个现象，那就是房地产的周期大致是 20 年，各周期有长（22—25 年）有短（15—18 年），但差异不会很大。如果从行业生命周期的角度出发来分析就会发现，房地产行业的生命周期也应该存在导入期、成长期、成熟期、衰退期。每一次到达成熟期的中点时间，就是相应的房地产周期顶点。如果我们按前文所述的影响销售额的因素来研究成熟期顶点的销售额，就会发现人口基础是需求的基础，转化率是第二因素，销售价格是第三因素（这个因素既和供求关系有关，又和货币政策有关）。那房地产周期现象就转变成了平均每 20 年左右就是一次人口需求转化成购房需求的顶点。为何是 20 年？

我们看人口增长的规律就会发现，第一个原生的婴儿潮产生之后，大约过了 20 年，这第一批婴儿发育成熟进入生育时间点，就会产生第二批婴儿潮，这种情况将以此叠加往后循环不息。这就是房地产周期大体是 20 年背后的逻辑。美国疾病控制与预防中心就美国初次生育妇女年龄进行过统计，在 1980 年女性初次生育高峰是在 18—19 岁，距离她们出生的时间就是 18—19 年，新增人口带来了居住需求的增加，市场规模的变化也因此衍生而来。随着社会的发展，尤其是城市化的进程，到 2016 年，美国初次生育妇女平均年龄已经增长到了 26.6 岁，2017 年增长到了 26.8 岁。美国初次生育妇女年龄的变化相应地对房地产需求和周期的影响也会发生变化。

因此，房地产行业下一个周期顶点何时到来，其实取决于当地人口结构中的最近一个波峰人群（适龄生育人群）的生育行为和购房行为，越早生，周期越短；越晚生，周期越长。每个时段上人口数量越多，生命周期的振幅越大；人口数量越小，振幅越小。当然，如果因为战争、疾病、物价飞涨、经济危机、生育政策、城镇化政策等各类原因导致人口基数、转化率（如生育意愿、城镇化率等影响）等发生变化，这个周期也会发生变化，发生相应的时滞、延长或提前萎缩。也许正是因为如此，日本在进入高度老龄化社会之后，房地产行业的周期就迟迟难以进入下一个正循环通道。

言归正传，关于经济周期等其他经济现象并不是本书重点揭示的内容，只是本段讲述市场规模可持续风险中需要借助观察行业（产品）生命周期来达到目的，而行业（产品）生命周期的内容又刚好可以有助于部分读者从侧面理解经济周期的本质，因此顺带提及。

2.5 市场规模与政治、文化和军事

本书始终贯彻其中的逻辑是基于经济规律本身来分析和预测各种

现象和趋势，考虑的是遵循无政府或无人为干预的市场经济的情况，市场规模的一切起源都是基于需求。

需求是人的本能，但是不可否认能克服人的本能的是人的意志。人的意志受很多非经济因素的原因影响，如文化、宗教、政治和军事等原因。

在讨论猪肉市场规模的时候，信仰伊斯兰教的地区就不应该被统计在内；在讨论美国手机市场需求的时候，由于 2018 年中美贸易冲突产生，美国市场需求受此影响而显著改变，这是政治原因导致需求显著变化的情况；在讨论全球石油需求和消费市场规模的时候，由于中东局势紧张，石油价格暴涨，世界能源需求和消费市场规模发生显著改变。

这些都是由于非经济原因导致的，在针对传统经济活动进行预测的过程中，最不可预测的就是非经济因素的变化和影响。

作为一个优秀的投资人，长期和持续地关注这些对各类需求产生影响的非经济因素，是一个必须做的基础工作，这也是为什么从事金融行业需要持续关注时事动态的原因。

3. 市场占有率的持续风险

市场占有率体现了目标企业在整个行业竞争当中的位置。企业后续的市场占有率如何变化，直接影响企业未来收益的实现情况。企业后续市场占有率的变化趋势，既受所处市场类型的影响，也受自身战略和竞争策略的影响。下面我们先介绍市场的不同类型及其怎样影响其中的企业。

3.1 市场的四种类型

根据竞争程度，市场类型分为完全竞争市场、垄断竞争市场、寡头垄断市场及完全垄断市场。企业所处的市场类型，是判断其后续市场占有率变化趋势的核心因素之一。

在完全竞争市场和垄断竞争市场中，市场占有率进一步增强的机会是存在的，虽然过程辛苦，却提供了广泛的想象空间和实现可能。这有点类似于人类社会的发展历史，在人类社会发展的早期，人类与各种野兽并存，由于自然地理环境足够大，因此相互之间既有独立的生存空间，又有接触的可能。人类通过各种发明创造和累积，在生存竞争中逐渐崭露头角，尤其是农业出现以后，人类可以通过农业生产获得稳定的食物来源，这是其他动物极难插手进入的板块，这相当于人类社会在农业生产领域形成了垄断。这时候的人类已经初步在生存竞争中胜出。

在寡头垄断市场中，对非寡头来说，市场占有率的提升极其困难，他们既要面对寡头的压迫，又要面对同档次凶残的竞争者。对寡头来说，市场占有率的提升也很困难，他们的压力主要集中在和其他的寡头之间的竞争，且需要不断保持竞争状态，才有可能维持现状。这种状态有点类似于人类社会中期农耕民族占据了总人口的较大比例，获得了人类劳动生产的主要部分，游牧民族或渔猎民族获得了其余部分，农耕民族成了寡头，游牧民族或渔猎民族成了非寡头。在争夺生存资源的竞争中，游牧民族或渔猎民族（非寡头）和农耕民族（寡头）的竞争史构成了中国历史上各主要朝代更迭史的一部分，游牧民族或渔猎民族进入中原的主要途径就是让自己牛肥马壮，杀进中原，这和商业竞争中非寡头苦心经营，抢占份额后自己成为寡头是非常相似的。这也解释了为什么历史上大部分游牧民族进入中原后的最终归宿是和中原融为一体，很少再返回原来的游牧状态，你见过商场上有寡头愿意再变成一个小企业重新开始发展的吗？与此同时，寡头之间的竞争就像农耕民族和农耕民族之间的竞争，他们都为获得更多的土地资源而相互攻杀，彼此之间的压力也不小。在农耕民族自己能养活自己的情况下，有些时候农耕民族之间是互相保持友好的，这时候相对的市场份额都较稳定，但有些时候，有些农耕民族面临游牧民族或渔猎民族的入侵，农耕民族全部团结起来一致对外也是存在的。所以，在寡头竞争状态下，非寡头的日子是最艰难的，但寡头之间也不一定就舒服。

在完全垄断市场中，市场占有率已经做到了最大，不可能再显著提升，倒是反垄断的风险时刻存在，需要密切关注。

3.2 完全竞争市场下的占有率持续风险

完全竞争市场指只有竞争而毫无垄断的市场，现实生活中很难找到，只有无限接近。类似的有初级农产品市场（如米、麦、棉等）等同质竞争品丰富的市场，这类市场具有如下特点：

①厂商数量：数量有无数个，极其多。

②产品差异：市场产品之间没有任何差别，属于同质的商品。

③进退难易程度：这类市场厂商数量极多，进退无任何限制，可随意进出。

④竞争手段：因一点垄断因素都没有，所有厂商只能被动接受市场价格。

⑤各家占有率：各家市场占有率都很低，有一定的稳定性，但是竞争压力极大。

如果项目处于这类市场中，那市场占有率的持续风险就是较大的，企业必须持续不懈地努力奋斗，时刻保持警惕，才有可能保住既有的市场份额不下滑或者还能增加。投资这样的行业风险极大，但也并不是说这样行业中的企业就不值得投资了。台湾巨富王永庆就是从卖大米起家的，而大米市场正是完全竞争市场。是什么因素使得王永庆在这个完全竞争的市场上保持了持续增长的市场占有率？下面介绍一个网络上流传甚广的故事。

1932 年，16 岁的王永庆在台湾嘉义开了一家米店，从此踏上了艰难的创业之旅。

王永庆早年因家贫读不起书，只好去做买卖。16 岁的王永庆从老家来到嘉义开了一家米店。那时，小小的嘉义已有米店近 30 家，竞争非常激烈。当时仅有 200 元资金的王永庆，只能在一条偏僻的巷子里承租一个很小的铺面。他的米店开办最晚，规模最小，更谈不上知名度了，没有任何优势。在新开张的那段日子里，生意冷冷清清，门可罗雀。

怎么打开销路呢？王永庆想起父亲常说的一句古训："不惜钱者有人爱，不惜力者有人敬。"他没钱，唯一能做的是不吝惜时间和力气。

刚开始，王永庆背着米挨家挨户去推销，一天下来，人不仅累得够呛，效果也不太好。谁会去买一个小商贩上门推销的米呢？可怎样才能打开销路呢？王永庆决定从每一粒米上打开突破口。那时候的台湾，农民还处在手工作业状态，由于稻谷收割与加工的技术落后，很多小石子之类的杂物很容易掺杂在米里。人们在做饭之前，都要淘好几次米，很不方便。但大家都已见怪不怪，习以为常。

王永庆却从这司空见惯中找到了切入点。他和两个弟弟一齐动手，一点一点地将夹杂在米里的秕糠、砂石之类的杂物拣出来，然后再卖。一时间，小镇上的主妇们都说，王永庆卖的米质量好，省去了淘米的麻烦。这样，一传十，十传百，米店的生意日渐红火起来。

王永庆并没有就此满足。他还要在米上下大功夫。那时候，顾客都是上门买米，自己运送回家。这对年轻人来说不算什么，但对一些上了年纪的人，就是一个大大的不便了。而年轻人又无暇顾及家务，买米的顾客以老年人居多。王永庆注意到这一细节，于是主动送米上门。这一方便顾客的服务措施同样大受欢迎。当时还没有"送货上门"一说，增加这一服务项目等于是一项创举。

一天晚上，下着倾盆大雨，王永庆忙完店里的活计，已是深夜。他上床躺下，迷迷糊糊刚睡着，就被一阵急促的敲门声惊醒了。开门一看，原来是嘉义火车站对面一家客栈的厨师。厨师说客栈来了几位客人，还没吃饭，刚巧厨房没米了，请王永庆帮忙送一斗米过去。当时，卖米的利润极其微薄，一斗米只能赚一分钱。从心情上来说，王永庆不愿冒着这么大的雨赚这一分钱，但为了维持平日的信用，他二话没说，量了一斗米，披上一条麻袋当雨具，将米送到客栈。回来时，全身都湿透了。

王永庆送米，并非送到顾客家门口就了事，他还会将米倒进米缸里。如果米缸里还有陈米，他就将陈米倒出来，把米缸擦干净，再把新米倒进去，然后将陈米放回上层，这样，陈米就不至于因存放过久而变质。王永庆这一精细的服务令顾客深受感动，赢得了很多的顾客。

如果给新顾客送米，王永庆就细心记下这户人家米缸的容量，并且问明家里有多少人吃饭，几个大人、几个小孩，每人饭量如何，据此估计该户人家下次买米的大概时间，记在本子上。到时候，不等顾客上门，他就主动将相应数量的米送到顾客家里。

不过，由于嘉义大多数家庭都靠做工谋生，收入微薄，少有闲钱，主动送米上门，如果马上收钱，碰上顾客手头紧，会弄得双方都很尴尬。因此，每次送米，王永庆并不急于收钱。他把全体顾客按发薪日期分门别类，登记在册，等顾客领了薪水，再去一拨儿一拨儿地收米款，每次都十分顺利，从无拖欠现象。

王永庆精细、务实的服务，使嘉义人都知道在米市马路尽头的巷子里，有一个卖好米并送货上门的王永庆。有了知名度后，王永庆的生意更加红火起来。这样，经过一年多的资金积累和客户积累，王永庆便自己办了个碾米厂，在最繁华热闹的临街处租了一处比原来大好几倍的房子，临街做铺面，里间做碾米厂。

就这样，王永庆从小小的米店生意开始了他后来问鼎台湾首富的事业之旅。

（以上故事来源于网络）

这个故事说明，在投资类似这种完全竞争市场中的企业时，最核心的要素是对企业经营团队的考察。

但大家也不要都把注意力集中在王永庆的成功上而忽略了行业竞争的艰辛，如果我们冷静地观察这个行业就会发现，一个王永庆成功了，那必定有无数个卖米的人生意没有起色。一个地方的市场就那么大，王永庆占据了那么大的市场份额，那其他的大部分人都是失败的。

反过来看，当我们要去投资这样的行业时，那大概率是失败的，除非你足够幸运，找到了"王永庆"。如果想要投资这样的行业，我们对候选人和目标企业提出"王永庆"式的要求，就是必须的，"王永庆"才是市场占有率最核心的保障因子。在这样的行业中，由于同质竞争，价格都由市场定，目标企业很难有所谓的核心竞争力，唯一使自己在竞争中立于不败之地的秘诀就是贴心、无微不至的服务，靠这些产品之外的努力去获取客户的认可，去获得市场。这也解释了为什么100年前华人下南洋，很多从事小卖部、米粮油等农产品经销的华人通过勤奋、诚信、周到的服务能够在异域他乡谋得一份生计甚至成为一方巨富的原因，因为他们是当地的"王永庆"。

3.3 垄断竞争市场下的占有率持续风险

垄断竞争市场是垄断和竞争因素并存，但竞争因素更多一些的市场。类似的有零售业，如饮品、日化用品（如香皂）等，这类市场具有以下特点：

①厂商数量：厂商数量有很多，品牌非常多。

②产品差异：市场上的产品大多数本质上差不多，但也有一定差异，不同厂商的产品多少有所不同。

③进退难易程度：厂商数量很多，进退也比较容易。

④竞争手段：竞争手段属于非价格竞争，利用价格以外的因素如广告等实现竞争。

⑤各家占有率：在一些细分领域存在某一厂家市场占有率超过50%的情况，其余领域则没有哪家市场占有率显著拉开差距。

在这类市场中竞争是比较残酷的，但同时又存在一些细分市场具有垄断特征，这些在细分市场深耕多年或者用心经营的企业取得了成功，获得了市场的认可，建立了比较牢固的口碑和客户忠诚度。比如日化用品中虽然竞争激烈，但是去屑洗发液很多人都会想到"飘柔"，防脱发洗发液很多人会想到成龙代言的"霸王防脱"；保健品口服液很多人会想到"脑白金"。虽然行业竞争激烈，但是也有些成功的企业在局部取得了垄断优势。比如现在卖大米的出现了"华润五丰""泰国香米"等品牌，做火锅的出现了"海底捞"等品牌，市场开始出现了垄断竞争的苗头。这类市场中的产品既存在同质竞争的情况，也存在差异化竞争的策略，活得好的企业是那些差异化做得好的企业，正是差异化策略使得这些企业在细分市场领域建立了垄断竞争地位。投资人在分析这类企业未来市场占有率的发展趋势时就需要关注其是否已经在细分领域建立了垄断优势，一旦建立，这样的占有率基本上是可以保持相对稳定的。

这种市场是在第一类完全竞争市场的基础上发展起来的，任何完全竞争市场发展到一定阶段，都会成为垄断竞争市场，然后，获得这个垄断竞争地位的龙头企业会向其他领域转型，直到寻找到新的发展空间。

想必在此，投资机构的从业朋友对市场占有率的理解有了一个更加不同的认识，而部分创业者朋友也对自己为什么没有做到行业领头羊的状态开始有所反思。在垄断竞争的状态中，当米店只有王永庆等少数几个人负责经营时，王永庆的个人行为决定了米店的市场占有率；当规模进一步扩大，王永庆分不开身时，店内无数个"王永庆"的出现则是保障米店进一步扩张的必要条件。而无数个"王永庆"是怎么打造出来的，这就涉及企业培训和企业文化贯彻，甚至涉及薪酬制度和股权激励等问题，这也是为什么管理者或投资人会关注企业文化、薪酬制度、股权激励等方面的原因。

所以，一旦看清楚了这类市场的成功者都是曾经的"王永庆"，那我们在进入这类市场时，就要尽可能选择其中的领头企业，也就是行业中具有局部垄断优势的龙头企业。因为这些企业历来的表现是值得信任的，其市场占有率下滑的风险相对更小，投资他们比投资其他还在市场中苦苦挣扎的企业风险更小。成功的企业其成功的原因有千万种，比如有千万次如履薄冰的谨慎自律；失败的企业其失败的外部原因有成百上千种，但更多的是成千上万种自身的原因。这就是为什么很多投资机构在讲述自己的投资理念时，反复强调要投就投行业龙头，行业前三的可以考虑，之后的就基本不考虑了，他们的内在逻辑是为了尽可能地降低风险，其中一条就是降低市场占有率不可持续的风险。如果我们实在是没有机会参与投资这些领头企业，那我们可以在这个市场中去寻找最有可能成长为领头羊的企业，去寻找这些准"王永庆"。同时也要看到，在他们还没有成为垄断竞争者之前，他们的估值是比较低的，参与这些投资可以获得比较高的回报，但同时风险也极大，说不定等不到他们成为"王永庆"的那一天，他们就被已经成为"王永庆"的企业"干掉"了。

3.4 寡头垄断市场下的占有率持续风险

寡头垄断市场是垄断和竞争因素并存，但垄断因素更多一些的市场。类似的有汽车、飞机、石油、通信、第三方支付等行业，具有以下特点：

①厂商数量：只有几个，如国内通信业仅移动、联通、电信三家，第三方支付行业最主要的有阿里的支付宝和腾讯的财付通。

②产品差异：有差异或无差异，有差异的如汽车、石油等在生产技术、产品性能等方面均不尽相同；无差异的产品之间属同质商品，在消费者看来是一样的，如短信、电话等。

③进退难易程度：市场被少数几个厂商垄断，所以进山都有严格限制，并非想进就可以随意进的。

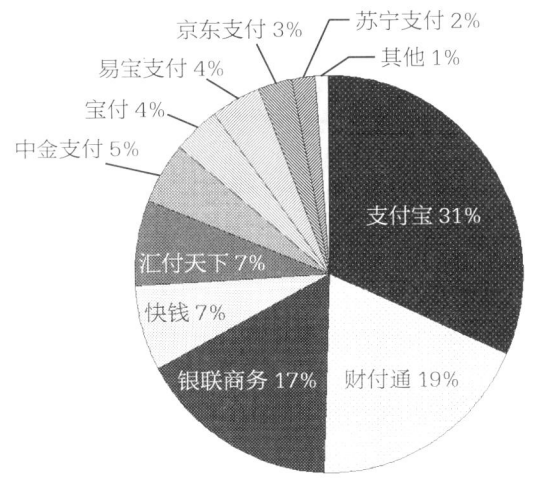

图 3-6　2018 年互联网第三方支付市场份额

④竞争手段：价格竞争，通过抬高价格或者降低价格等方式实现竞争，争夺市场份额吸引更多的消费者。

⑤各家占有率：现存的最靠前的两三家厂商市场占有率合计超过60%，甚至更多。

在这类市场中竞争相对没有前两种残酷，就像一个战场上的两支军队，你死我活的一通混战之后各自还剩一两个人，大家都累了，既有喘息的需求，也有收兵的意思；当然也存在另一种情况，就是非要弄个你死我活，斩尽杀绝。现实生活中，市场上主要的几家寡头企业之间或多或少都有一些默契，既存在寡头集团之间的价格竞争，也存在互相之间的价格默契。他们往往不会为了吃独食而将所有寡头垄断者赶尽杀绝，这既有和气生财的处世态度，更重要的原因还在于各自都没有十足的把握和能力将对方置于死地，因此都会非常慎重地做出每一个互掐决策，但毫无疑问的是，这些寡头时时刻刻又都在想着怎么消灭对方。

在这一类的市场中，投资非寡头的标的企业显然不是一个明智的决策。寡头之间的争斗随时可以造成神仙打架，小鬼遭殃的窘境。既然要选择其中的寡头企业投资，那在这些寡头之间，又该如何选择呢？要回答这个问题，就要回顾一下这些寡头企业的发展历程，总结其发展规律，从中找到它们未来的发展趋势，从而做出判断。寡头垄断市场，其实大部分是从垄断竞争市场发展而来的，垄断竞争市场中的佼佼者在逐步积蓄力量之后，进一步扩大了自身的市场份额，通过碾压其他处于行业末端的竞争者，将他们赶出了市场，最终形成了目前的"军阀割据"的局面。投资这类从垄断竞争市场发展而来的寡头垄断市场中的寡头，那么对寡头的核心能力要求就变成了对成本费用的管控能力，产品价格都是差不多的，谁的成本费用管控得好，谁就能更快地积蓄力量消灭对手。因此，在这一类市场的投资中，我们还需对标的企业的成本费用管控能力格外关注。

当然也有一些进入门槛比较高的创新领域的市场与此不同，这类市场不是缓慢地从垄断竞争发展成寡头垄断，而是直接就形成了寡头。比如优步（Uber）首先进入中国，滴滴随后也跟着效仿，逐步形成了一段时间内的寡头垄断。对于这一类因为创新而开辟的市场，不管以什么方式，迅速抢占市场才是王道，而迅速抢占市场在这一类情况中就像军队争夺战场一样，主要靠兵力的投入，在商业中也就是资金的投入。这个迅速抢占市场的过程，就是加速走向完全垄断的过程，越快完成这个步骤越好，一旦完成了完全垄断的市场格局，就变成了我们下一段要介绍的情况了。有机会参与投资这类由盈利模式创新而直接进入寡头垄断市场的行业是极好的，风险也相对较小，但前提是要确保这个盈利模式是可行且可持续的，即是可以持续盈利的（比如滴滴如果一直没有寻找到清晰的盈利模式，那后期的发展其实是堪忧的）。同时，标的企业要有足够的预案（包括建立壁垒）应对新闯入的竞争者，否则就会像共享单车一样，迅速地从寡头垄断市场转变成完全竞争市场。

3.5 完全垄断市场下的占有率持续风险

完全垄断市场由唯一的厂商垄断整个行业，这类市场比较典型的如电（中国电网）、铁路（铁路总公司）、自来水、具有专利权的某一特定产品市场等。这类市场具有以下特征：

①厂商数量：只有唯一的厂商。

②产品差异：整个市场只有一家生产该产品，没有与其相竞争的其他产品。

③进退难易程度：进退是极难的，基本上没有进出的可能。

④竞争手段：价格歧视，即针对不同的消费者提供同样的产品或服务而采用不同的价格，例如电，工业用电、商业用电和居民用电价格就有差别。

⑤各家占有率：单一厂家市场占有率100%。

完全垄断市场企业的市场占有率减小通常在可预见的短期范围内是风险极低的，因为没有人来参与竞争，但如果这个前提有变化的可能，情况就又不相同（比如专利权到期之后，完全垄断市场将有可能立即变成完全竞争市场）。这一类的标的企业的市场占有率风险往往和它的盈利模式风险高度相关，比如曾经的普通火车一度是中国市场上解决远距离客运的最核心方式之一，市场占有率达到了 80% 以上，可是随着高铁的建设，常规速度的火车市场占有率迅速衰落。在可以预见的将来，如果飞机出行的成本大幅度下降，那高铁的市场占有率也会下降。因此，并不是完全垄断市场的市场占有率就不会有风险，投资人对这类项目的研究建议还是从本质上，按本节建议的顺序逐个分析，对于项目风险的理解会更全面一些。

对于这类型的企业，投资人通常是很少有机会能够切入的，因为原来的实控人也不愿意分一杯羹。但不排除市场上有时候也会有一些机会可以参与，比如国企混改。而在这时我们往往会发现这种企业居然存在亏损，这颠覆了我们对垄断企业暴利形象的惯性认知。究竟是什么原因导致了一个企业具有垄断地位却出现亏损呢？分析起来无非有两方面原因：第一类，虽然具有垄断地位，但是价格却受到除了市场因素以外的其他因素的制约（比如政策因素）。这种情况在发展中国家是普遍存在的，以我国为例，由于人民收入水平相对不是特别高，因此自来水价、火车票价格等的设定就不能脱离实际收入水平而想定多少就定多少。当然，这并不是说所有垄断企业都会面临价格设定受到政策的限制，以世界芯片行业为例，高通公司具有对众多核心芯片的垄断优势，也因此获得了高额的利润。第二类，成本费用高。说完价格端，我们再说成本费用端，一个企业具有垄断地位但是还亏损，如果不是因为价格的原因，那一定就是成本费用太高了。成本费用高由多方面的原因导致，有一些是管理能力不善，也有一些是不得不承担本不应该由企业来承担的开支，甚至还有一些是为了获取垄断地位而不得不支出的成本费用。

所以当你是一个投资人，有一个企业说自己是一个垄断企业，并且非常热情地欢迎你参与投资，那你一定要仔细思考它为什么会无偿地给你获取高额利润的机会？你是否有足够的管理能力帮它削减成本？你是否有足够的资源整合能力帮它突破价格的限制？如果都没有，那你也许就是被人当作一个冤大头，拉进去帮它分摊成本，但却享受不了收益。天下没有免费的午餐！

值得强调的是，上述关于市场类型的划分和描述，多发生在行业生命周期的成熟期，因为在这个期间的市场正处于相对稳定的阶段，不会有大起大落。在导入期和成长期，市场规模还在增加，企业在其中各自独立发展，彼此还没有接触到各自的边界，大家能做的就是尽自己最大的能力去抢夺空白的市场，还说不上互相之间竞争的情况，市场类型的约束尚不足以影响企业。

4. 产品的可持续风险

产品的可持续风险影响因素可以从产品的生产制造过程来分析，任何影响这个生产实现过程的因素都可能导致产品的不可持续，这种因素既包括外部的因素，又包括内部的因素。

4.1 外部风险因素

企业外部环境的变化，使得产品的持续生产变得不再可能，这就是外部因素。外部环境的变化大多由政策变化、技术迭代、产业上下游供应链变化等因素引发。

以我国的黏土砖生产为例，生产过程中我们必须要挖掘地表的黏土用于加工，在历史上的很长一段时间里，这都是没有问题的。但突然有一天我们的环境保护政策加强了，不允许再生产这类产品了。再比如前些年市场上非常火的山寨手机，也叫高仿手机，在以前国内对知识产权保护和打击仿冒侵权行为没有特别严的时候，这些企业还有一定的生存和盈利空间，可是随着国家对保护知识产权和打击侵权行为的重视，这些企业的产品在一夜之间就没有了生存的土壤。再比如中兴通讯生产的一些产品，其中有大量的原材料需要用到外国公司生产的芯片，而这些芯片掌握在美国或者其他国外生产商手中，一旦他们对我们限售，那中兴通讯这些产品的生产线就立即进入僵死状态，产品根本无法顺利生产。所以产品的可持续性同样也是一个项目是否能够实现盈利的因素，如果自己的产品生命线掌握在别人手中，那这个企业整体经营的风险其实是非常大的。

技术迭代也是一个很重要的外部因素。从电风扇发展到空调就是技术发展导致的产品迭代的例子。在以前没有空调的时候，电风扇是消暑的首选工具，但是随着空调扇、空调的出现，电风扇的市场竞争力就逐渐降低了。

4.2 内部风险因素

内部风险因素是由企业内部自身发展规律所决定的，通常体现在生产条件不可持续等方面。

以民营医院为例，一个经营状态良好的民营医院离不开核心的医疗骨干团队，而医疗骨干团队的来源不外乎公立医院合作派遣、民营医院自主招聘等渠道。在和公立医院合作的模式下，一旦合作协议到期，公立医院不再派驻专家团队和提供资源协助，民营医院的运营就将立即陷入困境。医院提供的诊疗服务就是其产品，而提供诊疗服务的医护人员就相当于企业中的生产制造员工，当这些员工本身具有不稳定性的情况下，产品（诊疗服务）的可持续性就存在风险。

再比如房租对餐饮连锁企业的影响。餐饮企业提供的产品和服务是为客户提供餐饮品类，其核心的运营保障要素是房屋（经营场所）、人员、流动资金，这在其利润表中则有另外的表现形式，即其主要的成本费用是房租（含装修费摊销）、人工、原材料等，任何影响这三者的因素都可能导致餐饮企业经营不可持续。在现实生活中，我们经常可以看到一个现象，寿命在几十年或上百年的企业常见，但是几十年或上百年的餐饮品牌却较少见，这是什么原因呢？笔者曾经认为是人群口味的不断变化导致了餐饮品牌的生命周期很短，但是经过访谈大量的餐饮行业投资者后，笔者发现最主要的原因居然是房租的持续上涨导致了餐饮企业经营的不可持续，排名第二的原因才是人群口味变化。在餐饮企业的经营过程中，房屋租赁一般 3—5 年为一个周期，最长的可能有 10 年，一些初始经营较为成功的餐饮企业在开业的前些年可能还保持一定的利润空间，但是由于这些餐饮行业的从业者大多是文化水平相对不高，经营和危机意识相对薄弱的人员，因此他们大部分都忽视了房租到期后可能会面临的租金调涨问题，从而错失了在房屋租赁有效期内进行进一步改良的时机，结果在面临一次或两次涨租后，就不得不歇业停摆。

与此对比强烈的则是一些拥有自己产权房屋的餐饮经营者，很多流传几代的小吃店历经几十上百年依然传承至今。正是这个看似不起眼的因素，使得这些所谓的品牌老店得以幸存。现在已经上市的海底捞就在这方面做得很好。也许很多读者朋友会说海底捞是通过周到全面的服务为客户提供极好的就餐体验获得了成功，但有些看得更深的朋友会发现海底捞员工愿意如此拼命的背后是海底捞提供了行业内富有竞争力的薪酬。那为什么海底捞就能提供行业内富有竞争力的薪酬呢？其实这背后还有一个隐藏更深的原因，那就是海底捞在开设每一家分店的时候就力求使得租期和装修免租期尽可能长、租金尽可能低，甚至部分店铺都争取到了只给营业分成，不给保底租金的条件。也许因为这个原因，海底捞得以将本该用在房租花销上的成本用于提升员工薪酬，提升员工薪酬又促使员工努力工作从而成就了海底捞。也许正是因为房屋涨租这样的诸多小原因，上市的餐饮企业估值都不高。

小结一下，投资者在对后续拟投项目的分析中，对其产品的生产流程是必须要搞清楚的，对其所有的生产要素，也必须要心中有数，因为这些生产要素往往是保障产品可持续的核心因素。

5. 管理效果的可持续风险

所谓管理效果，最终都体现在企业经营成效上，即最终体现出盈利的这样一种状态。

管理效果，即是目前盈利的状态，是管理团队付出了无数的努力才获得的。从财务角度来说，他们的努力主要集中在对销售收入和成本费用、税务筹划的管理效果上，按生产流程来分包括但不限于对市场需求的深刻调研、对目标市场的分析、对目标市场的营销定位、销售业绩的冲刺、对产品的设计和研发、对产品的生产制作、对原材料的采购、对生产工艺流程的优化调整、对各类人员和管理费用的管控、对销售费用的管理、对财务费用（资本结构）的安排、对税务的筹划、对外部项目的投资和管理等各方面。

如果我们就上述描述的这些专业问题逐个去分析和研究，会花费特别大的精力，虽然这也是值得的，但我们要怎样快速地判断他们在这些管理方面能不能做得好呢？本书建议换一个从哲学层面出发的分析方法，可以迅速得到答案。

我们可以问一个问题，是什么因素保障了上述管理上的问题都可以得到较好的处理？

直接的答案是：团队所有人都愿意来处理，且这个团队能够从维护公司利益的角度出发并且成功妥善地处理了这些问题。

为什么这个团队愿意来处理这些问题，以及为什么他们能够妥善地处理？这其实就涉及了两方面：第一是企业通过一系列安排，成功地激励了这些人的劳动意愿；第二就是企业通过一系列安排寻找到了具有相应能力并且使得这些进入企业的人员持续地保持了必要的稳定战斗力。后文我们将从意愿和能力两个方面来研究。

5.1 意愿问题风险

说到激励团队积极性和劳动意愿，这其实是一个非常有难度的管理问题。很多人可能会说，只要给钱多，就啥都搞定了。在一定范围内，也许这个方法是有效的。比如华为一向的风格就是薪酬丰厚，所有人都没日没夜拼了老命地干，比如腾讯、阿里和小米也是被外界所传员工收入颇丰，所以员工对"996"的工作状态也并无太多怨言。

但也有一些情况是，员工和管理团队的薪酬并不是特别好，但是员工和管理团队仍然干得有声有色，津津有味，这是什么原因呢？这又分两种情况：

一种情况是精神驱动。这种情况多半发生在员工和整个团队已经解决了基本的衣食之忧和必要的生存保障后，还能有一个志同道合、和谐愉悦的团队环境，大家都干着自己喜欢的，或者是认为有意义的事情。比如马云创办的海博翻译社；再比如一些军工企业的研究生产人员，他们很多都具有民族情怀和爱国情怀，宁愿用自己一生的清贫和努力换取国家和民族的安全，越是面临研究和生产的困难，越是能激发他们的团结协作和顽强拼搏的精神，这些人的道德情操和奉献精神赢得了所有国人发自内心深处的尊敬和感恩；再比如国内的某些研发或生产企业曾经因为受到外国企业的技术封锁或技术歧视，由此产生的奋发图强的精神，团队所有成员不辞辛苦，团结协作，只为赢得作为中国人应有的尊严，我国的高铁网建设就是一个典型的例子；再比如一些医药、医疗器械研发企业的员工为了治疗亲人、朋友的疾病而引发了对缓解整个人类病痛的博爱，由此激发的医药研发生产的精神动力；再比如一些为了报答企业管理者知遇之恩而忘我工作的感恩情怀；等等。现实中，越是这类不涉及员工收入本身的内在精神需求导致的意愿越是具有持久和旺盛的生命力。

另一种情况是物质驱动。这种情况虽然员工目前的日子还很艰难，但是他们都有足够的信心相信在不久的将来，他们将会获得令人满意的收入。这有可能是来自公司给予他们的收入承诺或股票期权，比如小米上市前的小米团队、阿里上市前的阿里团队。也有可能是来自对自己本段经历的价值预期，比如很多刚毕业处于学习发展阶段的人，收入比较低，但本段经历是其在整个职业生涯规划中必不可少的一个过程，所以仍然很愿意学习和努力付出，但他们最终的目的是为了使得本段经历能够变现，所以还是基于对长期收入回报的一种短时期的投入。

有一点不可否认的情况，任何精神驱动的最后阶段都必须过渡到物质驱动阶段，因为随着员工个人发展，成立家庭，其物质需求是必然存在的，这些成为员工生存和发展的最基本需求，必须得到保障。

上面提到了薪酬满意，那什么才叫满意呢？

满意是一个相对概念，高于或者等于预期才叫满意，这和市场平均水平没有太多关系。有些人认为自己的能力水平特别高（事实也许不一定相符），你即便给到了市场平均水平的薪酬他还是不满意，他的劳动积极性依然没有被激发出来。这种情况，就是物质驱动模型对企业最大的陷阱。

当然也有些人觉得他能力水平不高（事实也许不一定相符），所以即便这种时候你给的是市场的平均水平薪酬，他也会觉得特别满意，他的劳动积极性也会非常高。这种人因为平时没有机会充分发挥自身价值，所以他们的薪酬水平通常是没有反映出他们能力水平的。在长期的怀才不遇或才能没有得到发挥的压抑状态下，他们有强烈渴望自我实现和证明的动力。当选用这样的人进入企业，即便你只给了市场的平均水平薪酬，他们也会以最大的积极性去工作。这一类人，是企业最应该聘请的人员。

那最不应该选的是什么人呢？就是那些有名无实的所谓行业大咖。他们被各种荣誉的光环所笼罩，对自我的能力水平和价值有不切实际的高估（往往是因为自身所在的平台成就了他们，而非他们成就了平台），因此往往会提出远远超出同行业平均水平的薪酬，但实际上他的能力水平并不与其创造价值的能力相匹配。这样的人员进入企业，对企业其他成员的积极性会造成极大的伤害，也对企业人力成本的管控造成非常不利的影响。我们在现实生活中见到的大量房地产企业里所谓的总裁、副总裁、区域总经理等为什么会有大量的频繁跳槽的情况呢？其中既有在房地产疯狂市场行情下各家企业疯狂挖人的浮躁，也有这些人员对自我价值的错误评价导致的对任职企业的不满，他们往往自视甚高，但在新的环境下又不能创造相应的价值，所以不得不被动地频繁跳槽，这种现象在很多行业都普遍存在。

但是很不幸的是，往往有非常多的企业没有深刻地洞察这个道理，所以他们经常会选用很多高成本的人进入企业，但这些人却并不能带来相应的收益和价值。这也是为什么在阿里巴巴创办初期，马云在精力允许的情况下要对每一个进入阿里巴巴的员工亲自面试。以马云对人性的认知，对人的深刻理解，可以大大减少不合格人员的进入。只可惜这样的企业家在现实生活中并不多，他们往往把这项如此重要的工作委派给人力资源负责人，而人力资源负责人往往又只是拿工资的职业经理人，对企业选人用人的重要性缺乏深刻的理解，甚至有些人力资源负责人仅仅是以压低了多少员工的薪酬作为自己的工作业绩，这就更加与企业选人用人的初衷相背离，进一步降低了员工的积极性。这样的行为方式是不利于企业发展的。

一个优秀的人力资源负责人或者企业负责人应该要有"萧何月下追韩信"或者三顾茅庐的胸怀、耐性和智慧，这些都是用最小的经济成本换取员工最大的积极性的典型案例。如果一个人力资源负责人或公司负责人做不到这一点，这个企业的格局也不会太高，团队未来的积极性也堪忧，也许能正常经营，但很难成为卓越的团队。

从投资人的角度来说，观察企业员工的收入和收入结构，观察他们的工作状态，预测他们未来的收入，是判断他们未来积极性的很重要的指标。高于行业平均水平的薪酬水平并不一定是坏事，反而是保障企业持续发展的一个稳定器；低于行业平均水平的薪酬也不一定是好事，要看团队未来的收入发展变化和趋势，如果后期收入承诺不能实现，对团队积极性的冲击和企业经营稳定性的损害风险也是极大的。

除此以外，还要看核心人员的经历，看他们内心的价值观、深层次需求是否得到满足或者是否可能得到满足。阿里巴巴关于员工激励的核心三要素"工作满意""钱""个人发展"与此逻辑大体相似。

要观察员工现阶段积极性的最直接办法就是给员工一个看起来很困难的问题，然后观察大量员工对解决这个问题的态度，如果大部分人都是积极想办法解决而非畏难逃避，则目前的状态是积极的。其实这类似于观察军队的战斗积极性，喜欢打仗和厌战的部队，积极性和战斗力差别是显而易见的。

5.2 能力问题风险

这里讲的能力问题不是指企业员工的个人能力，员工个人能力的提升是企业管理者的事情，也是他们的责任和义务，不是投资者的事情。投资者要做的，是选择一个可以稳步提升员工和团队能力的管理者，由管理者去实施，如果投资者做了管理者应该做的事，那管理者就是多余的，投资者也将局限于具体的企业管理事务，是失败的投资。

这里讲的能力问题风险指的是企业选人、识人、用人，让组织和员工队伍继续保持专业能力和战斗力的企业能力风险。

在军队中，考核这个问题的指标非常简单，就是能带兵，能打仗，能打胜仗。这需要高瞻远瞩和运筹帷幄的统帅，也需要事无巨细、毫无折扣地执行到位的各级将领。军队的统帅要做的就是决定是否打仗、何时打仗、何地打仗等宏观考量，将领要做的就是基于统帅的一系列安排，保证打赢仗。在企业中就像阿里巴巴有一个马云，他是所有员工的精神支柱和领导者，而与他相搭配的具体执行的人也能够为所有员工的培训、学习提供相应的具体层面的工作支持，时刻保持员工队伍的强悍执行力，以及员工队伍为适应外部环境所需的各方面能力。

要实现这一点有两类灵魂性的人物非常重要，第一类是企业第一负责人，第二类是分管各业务板块的负责人。下面我们从企业价值创造部门负责人（企业一把手、研发设计负责人、生产运营负责人、营销负责人、售后负责人）和必要的辅助职能部门负责人（财务负责人、人力负责人、审计负责人）着手，通过了解这些部门负责人的能力及其实际情况来判断后续企业管理效果的风险情况。

（1）企业一把手

企业一把手毫无疑问应该是企业的灵魂人物和精神领袖，如果一个企业的一把手没有这样的号召力、影响力和领导力，这个企业很难完全实现创始人设定的目标。这一类企业一把手的典型人物比如张瑞敏之于海尔、俞敏洪之于新东方、史玉柱之于巨人集团、柳传志之于联想、马云之于阿里巴巴、任正非之于华为。

企业一把手最核心的能力是领导力，领导力是保障一把手的核心价值观、各项决策得以贯彻执行的关键。

领导力是如何被认可的呢？也许很多读者朋友都读过大量的关于领导力的著作，本书不会花特别多的篇幅来专门论述怎样培养领导力，因为我们的重点是识别一个企业的一把手是否具有领袖气质，是否能够使命必达，带领团队实现盈利，所以我们只需要辨别出领导力的主要特征就可以了。

为了让尽可能多的读者朋友能通俗地理解领导力的特征，我们可以从动物世界中得到启发。比如狼群里的头狼，其成长过程是极其艰辛的，它需要经历作为一个普通狼群的成员必经的各种艰难险阻，同时它还需要具有广泛的外部环境识别和判断的经验，具有显著超越狼群普通成员的能力水平和强壮的体魄，在历经无数次生存考验的过程当中逐渐建立起威信成为头狼。在各种严酷的生存环境考验下，头狼要比普通的成员更加坚强，更加具有长远的视野，这样才能带领狼群捕食，使得整个狼群生存下去。同时头狼也要对狼群当中的不同成员包容并蓄，对违反狼群规则的成员进行驱逐惩戒。

再结合企业当中的领袖特征，普通员工不懂什么领导力，也不管你有没有领导力，对于他们来说，愿意跟着你一起干就说明你有领导力，他们相信跟着你一起干可以少走弯路，可以得到他们想要的东西。如果他们自己单干，成功的概率比跟着你干更小，这样他们就会选择跟随你，这就是朴素的领导力的体现。普通员工欠缺的能力和品质，往往就是一把手必须具备且得以征服他们的利器。因此，我们大致可以总结一下领导力的特征：领导力可体现在公心、智慧、坚毅、经验和胸怀等方面，其中智慧又包括了观察、决策、管理和道德等方面。

企业一把手要有公心是至关重要的，这体现在对团队所有成员的公正对待、不搞团体主义上（如果一个企业里面高管团队分成好几个团伙，那投资人还是敬而远之的好，除非投资人有信心改变这种状况），体现在对所有利益相关方的公正对待，不为一己私利而损公济私上（如利用公司资源为自己谋利）。如果仅有私欲，只考虑自己的利益，而忽视企业和合作伙伴的利益，最终很可能会做出转移资产、假公济私、贪污腐败的勾当来，这样的人极有可能将投资人的钱挥霍一空，然后拍拍屁股说要重新再来。巴菲特在这方面做得很好，自己持有伯克希尔的股票，对其他所有的股东也是同等对待，他的所有决策是基于对所有股东利益负责的角度做出，既满足了自己的利益，也满足了其他所有股东的利益。不像有些上市公司的实际控制人，他们通过自己控制的或与其有利益关系的其他公司与上市公司进行关联交易，比如高溢价转让给上市公司（后期造成商誉大幅减值，最终由该上市公司所有股东买单）获取利益，或让上市公司对其他公司所生产的产品进行高价采购，最终导致上市公司生产成本上升，利润下降，侵害上市公司其他股东的权益等。

企业家的智慧体现在对行业、对产品未来发展趋势和规律的准确认知和判断上，体现在对外部环境、竞争对手、自我组织机构的优劣势判断和认知上，体现在对内外部关联方需求（外部市场需求、内部员工需求）的满足上，体现在组织协调企业内部高效运作的情商上，体现在有所为有所不为的决断上（如前文所述一把手虽然缺少公心，但有权衡利弊的智慧，也不会做出那些损公济私的事情）。就像竞技场上的运动员，他清晰地知道自己的目标是什么、规则是什么、竞争对手的优劣势是什么、自己的优劣势是什么，知道怎样一步一步稳扎稳打才能打败对手赢得比赛。这个过程需要一把手在掌握外部事物发展规律的基础上准确地判断和决策，同时带领企业适应变化，迎接挑战。在智慧的构成要素中还有一个核心构成要素：道德（包括诚信、正直等各明细构成）。任何没有道德而看似智慧的表现其实都只是暂时的聪明。在人类历史发展的过程中，人类总结出了最值得信赖的人群的特征就是道德。任何企业发展到最后如果没有道德的底线约束，一定会被社会和消费者质疑，一定发展不好。只要一个企业最终的目标是做大做强，道德就是一个必须的要素。

除了智慧还不够，在现实生活中，即使我们明白了事物的发展规律，也需要付出长期而艰辛的努力去实现（如华为几十年来艰苦卓绝的市场开拓），这时候除了要有智慧，还要对意志品格有更高的要求。坚定的信念、持久的毅力、坚韧的品格是保障智慧最终落到实处的不二法门。我们经常看到的一些知名的企业家，他们往往都是拥有超强智慧和顽强毅力与信念的人。支撑坚毅品格的往往是内心存在的某种强烈的渴望，有可能是强大的责任心，也可能是某种强大的内心需求或欲望。

但不可否认，有一些企业家并不是智慧超群的人，可是他们也取得了成功，就是因为他们的领导力并不是体现在他们有多智慧上，而是体现在他们有丰富的行业经验和企业管理经验上。一些极富智慧的人可以通过吸取别人失败的教训来总结经验，避免犯错。但是对于一些资质稍微差一点的人来说，他们自己犯过的错也可以成为他们走向成功的奠基石。如果一个人的经验足够丰富，犯的错足够多，那他不需要超人的智慧也可以取得成功，因为他只需要再一次避免自己曾经犯过的错就可以了。这就是为何我们常常会看到一些所谓"资质驽钝"但很成功的企业家大多是大器晚成的，就是因为他们要用大量的时间来积累。

除了公心、智慧、坚毅和经验外，还有一个不得不提的领导力特征就是胸怀。一个企业的领导者必须要有广阔的胸襟、海纳百川的气魄，才能够包容并蓄，带领团队所有成员一起走向成功的彼岸。如果企业一把手没有胸怀，容不下自己看不惯的人，那在面对性格各异、工作能力各异的员工时，要如何团结大家一起向盈利的目标迈进呢？那显然是极其困难的。同时我们也要看到，宽广的胸怀可以弥补一把手自身智慧和经验乃至品格的不足。试想，即便企业一把手自身认知能力有限，自身不够坚定，自身经验有所欠缺，但是他能做到广纳和善待人才，能够听进各种意见，能够包容各种人和事，能够兼顾和考虑到各类成员的自身需求，那他也可以做到无为而治。

小结一下，企业一把手的领导力风险主要体现在其是否有公心（尽可能有），是否有智慧（与经验必须有其一），是否有坚毅的品格（尽可能有），是否有足够的行业经验（与智慧必须有其一），是否有宽广的胸襟（必须有）。如果一个初创企业的一把手空有一腔热情，私欲又重，行业经验不足，智慧又并不十分突出，面对困难又容易放弃，心胸又狭隘，那这样的企业一定走不远。

（2）研发设计（R&D）负责人

研发设计负责人是一个企业极其重要的人员之一。在调研和了解市场需求之后，研发设计负责人的主要职责就是提供一套最低成本的满足市场需求的服务或产品方案。

　　这样的人员必须是一个技术能力极强，理论和实践经验极其丰富，同时又具有研发管理能力的人员。这样的人员其实有很多，只是有太多的人埋头于自身的技术研发工作而没有机会展露于外人前，甚至有不少人牺牲于公司政治之中而没有出头之日。企业的一把手是否能够发现这样的人员本身就是对其领导力的一个考验，是对其智慧和胸怀的一种考验。韩信还没有成名之前，他只是一个小兵，但萧何发现了他，觉得他会成为一个可用之才，于是有了萧何月下追韩信的典故。

　　对于投资人来说，如果不熟悉这个行业，有一件必须做的事，那就是研究研发设计负责人的简历和过往经历。这个人是否在行业内立下过赫赫战功，是否是行业内知名的技术专家，是否曾经就职于知名企业、担任重要岗位、取得过重要的研究成果，是否有过成功的项目经验，这些经历可以帮助投资人判断风险。如果上述这些都没有，投资人还是尽可能远离，除非投资人自己能为这样的企业注入研发设计资源，而且新进入的人还能和原来的团队和谐共处。

　　（3）生产运营负责人

　　生产运营负责人对产品的生产制造负有直接责任，是按照研发设计的方案组织落实生产成具体产品的重要保障。这个岗位存在的意义，就是用最低的成本完成产品的制造过程，这包含了建立和改进形成最低成本的生产工艺流程、原材料采购和管理办法、质量管理和保障体系、进度管理体系、成本管理体系、安全生产体系等环节。

　　这个岗位的人必须要有相应行业经验或同等岗位经验，因为生产过程是复杂的，生产过程中的各种情况必须要经过长年的积累才能应对，单纯靠理论的学习是极其难以在短时间内胜任该岗位的，除非产品的生产工艺是极其简单的，或者是直接外包委托加工生产的。

一些企业的这个岗位往往由企业一把手的亲戚或信任的人担任，因为生产制造过程中往往涉及大量的采购行为，企业一把手不放自己信得过的人，实在是不放心。可是这样的人却又往往不是一个合格的生产运营负责人，甚至其自身就有私拿回扣的意愿和动机，一旦有这种情况，产品质量和成本往往是难以保障的，这将直接影响企业产品在市场上的竞争力。因此了解这个岗位人员的简历、经历、与企业一把手乃至其他管理团队成员的背后关系是极其重要的，也是防范后续生产运营风险的一个最简单的办法。

（4）营销负责人

大家注意，这里说的是营销负责人，不是销售负责人。营销包含了销售，比销售的范围更宽更广。营销包括统筹布局，包括对市场的调研和分析、对市场的定位、对客户的挖掘、对营销策略的选择、对销售计划的执行、对回款的管理等各方面；销售只是在做了众多的安排和布局之后，执行销售行为的工作。

营销负责人的核心能力是以最低的成本实现最大销售收入和销售回款的能力。如果通过大幅提高销售成本的形式来提高销售收入和回款，这样的营销负责人其实只是一个极其平庸的人，算不上什么人才，这样的人可有可无，给予的薪酬最多只能是行业平均水平，要尽可能早替换。只有那些花最少的钱，实现了最大的收入和回款的人才是难得的人才，可以给予丰厚的薪酬激励。对于营销负责人，行业经验不一定是必须的，因为营销的技能和方法是通用的。

考察营销负责人能力的方法也很简单，只需要观察其到岗三个月内是否有显著的销售收入提升和回款提升，同时销售成本的增长比例是否显著低于销售收入和回款的增长比例。如果超过这个时间仍无明显改善，坚决辞退，绝不手软。要是能行，在三个月内，早就有所改变了，不行的话，再给三个月的时间也不会有太大的改变，企业耗不起。对于已经在岗时间比较久的营销负责人，投资人观察的指标则是其与竞争对手之间的业绩比较，显著高于可类比竞争对手（如与企业有同质产品的竞争厂家）的销售额和回款额、显著高于可类比竞争对手的销售增长幅度、显著低于可类比竞争对手的销售成本占比是证明其价值的核心指标，这三个指标缺一不可。如果企业的营销负责人没有这样闪亮的业绩，企业的增长风险是值得担忧的，投资人务必要谨慎行事。

为了给大家一个直观的对标人物，大家可以看看史玉柱做营销，就知道什么是营销负责人的榜样了。

（5）售后负责人

售后负责人的核心能力是对外化解不满、对内强力推进改革的能力。售后负责人所在的部门是为了解决在研发、生产、交付、销售过程中所产生的种种给客户带来不良体验的问题而存在的。售后负责人这个岗位也要求其能将搜集到的各种问题进行总结归纳，提炼出客户需求和发现企业自身内部管理存在的不足（如产品设计缺陷、生产质量缺陷、交付过程瑕疵、虚假销售和夸大宣传等），并将这些问题反馈到企业内部的相关部门，推动改进。

因此这样的岗位负责人原则上是一个有着一定性格分裂特征的人，对客户如春天般温暖，对内部如家长般严格。

考察这个岗位负责人能力的办法是观察其投诉事件处理的满意率，以及对内部管理问题的反馈率。也许有些读者朋友会说，市场上什么客户都有，有些本来就是不理性的，喜欢乱投诉或者随便提不合理要求。不可否认，这样的情况确实存在，但这样的人总是少数的。如果确实属于异常指标，在统计的时候可以将这些异常数据剔除，统计大数，还是能直观地发现问题。此外，与同行业竞争对手比较，也是一个考察售后负责人的简单有效的办法。还有一个办法，就是观察售后负责人主要的工作精力和时间分配，如果更多的时间或者正在增加越来越多的时间是用在进行内部改善的反馈，那这将是一个能力比较强的人；如果其主要的精力一直放在售后服务和救火上，毫无疑问，这个人并没有发现导致售后问题的根源所在，后续对售后繁忙状态改变的可能性较低，投资人需要特别谨慎。

（6）财务负责人

财务负责人对企业的价值是什么？从利润的构成过程可以看到，销售收入减去成本费用和税费后得到利润。那这其中财务部门能有哪些主动创造价值的机会呢？他们可以做出以下努力：

一、在合法的前提下尽可能地通过财务安排和生产销售安排减少和延迟税的支出。

二、可以通过资本结构的合理安排和资金的合理安排减少财务费用的支出，增加货币资金或银行存款的利息收入。

三、通过严谨科学的账务管理体系，为经营决策提供决策参考数据，比如通过对主营业务成本的统计与同业对标，通过管理费用的统计与同业对标，通过销售费用的统计与同业对标，从而发现企业自身管理上还可以进一步优化和提升企业价值的地方。

所以，财务负责人对企业所在的行业有丰富的经验，对税务筹划有丰富的经验，有良好的财务管理经验和扎实的理论功底是极其重要的，同时财务负责人还需要有深刻的自知之明和对权力的自我克制（这就类似于在古代衙役中，财务人员是师爷，但不是县太爷，他可以提供决策的参考建议，但不能自己决策），一个强势和权力欲极强的财务负责人往往是一个企业走向失衡的开端，而一个精通业务、克己奉公且通晓人情世故的财务负责人往往是企业发展的助推器。

很多财务负责人往往因为自己掌握了企业经营的核心数据，能够发现经营过程中存在的各部门尚待解决的问题或有待提升的地方，就会不自觉地对其他部门的日常决策进行干涉，这往往使财务部门和其他部门的关系并不融洽，从而导致内耗。

（7）人力负责人

人力负责人的核心价值是让团队所有成员高效地工作，是选人（辅助业务部门选）、用人、培育人和留人的重要责任人。

在选人方面，这个环节就像军队招兵买马，有些买办会受人贿赂，招一些本不符合条件的人参军，或者买一些并非完全符合标准的战马。也有些买办道德毫无瑕疵，尽心为公，可是却不识货，不识好马好兵，选回来的一些兵马最后都不能适应战斗的需要。企业中这种情况也是常见的，有些人力负责人可能会故意放低标准把自己的关系户介绍进公司，这种情况曾经在一些福利待遇好的国有企业、事业单位中普遍存在，时间长了，企业里的人就形成了逆向选择，劣币淘汰良币。也有些企业把简历筛选的职责交给了人力部门，由人力部门进行初步筛选后再给用人部门筛选，而人力部门的人员尽管尽心尽力，但由于没有具体业务经验而无法识别出一些高性价比的员工，因此往往造成企业人力成本虚高，却没有找到合适的人的局面。

在用人方面，人力负责人所组织管理的板块的核心职能是建立与企业发展阶段相匹配的用人制度，其中最核心的是解决员工的薪酬待遇问题和其他需求问题，公正地对待每一个员工的付出，并给予相应的回报。在军队中，赏罚分明、言出必行是保证军威的必要措施，但有些时候有战功的被抢功，该得的没有得到，是对团队最大的伤害。在企业中，这种情况也同样存在，有奖不赏，有错不罚，是很多企业中存在的现象，时间久了，企业就没有任何规则可言。用人方面最重要的是以目标为导向的赏罚分明且严格执行，为了考察人力负责人在这方面做得如何，可以设计一系列的问题来对其进行问询考察。

在培育人方面，人力负责人需要像军队的军需处长一样，为统帅提供训练士兵的一切后勤措施和保障，一切以练兵、提升战斗力为核心，培育的目标是使员工高效率解决工作问题，训练他们将工作的技能变成本能。但就像历史上常见的军中腐败一样，军需处长克扣军饷、发放军用物资以次充好等现象时常可见，在企业中，有些人力负责人打着培训的幌子，干着私拿回扣的事情，或者选择的培训内容并非业务部门真正所需的内容，费用花了一大把，却没有任何效果。这种情况，是对投资人赤裸裸的欺骗，是对投资人智商的侮辱。

在留人方面，对公司极其有价值的员工，人力负责人需要做到"萧何月下追韩信"，要能放得下自己的尊严，要能以公司利益为重，同时也要有魄力对核心员工做出超出普通规则的激励方案。这些都需要人力负责人平时就对核心员工做持续的发掘整理和关注，时刻关注这些人的思想动态。

人力负责人要具有解决上述几个核心问题的能力，同时身上绝对不能有一个毛病，那就是官僚作风。一个企业的人力部门或者人力负责人一旦有了官僚作风，那这个企业就与高增长、高发展几乎无缘了。大家可以试想一下，人力部门就像军队的后勤部门，自始至终存在的意义就是为了服务于战斗（业务）部门，一切以围绕着打赢仗（盈利）为目标，可如果后勤部门变成了官大爷，那就是舍本逐末。如果人力负责人没有端正自己的态度和立场，投资人还是敬而远之为妙，因为这种情况下投资人的投资，不是变成了增值的所有者权益，而是变成了这些人要官威的费用。

（8）审计负责人

对于初创企业，审计这个岗位通常是不需要的，但对于成熟企业，这个岗位是必须的，且必须要有极强的独立性，不能受管理团队的干涉，直接对董事会负责。

对前面的所有负责人的要求都是基于对业务、对服务的自我约束角度提出的，但当企业发展到一定阶段，总有些员工是不符合企业价值观的，总有些员工在干着违法乱纪的事情，这时候就需要审计部门的铁腕介入。他们就像是军事法庭一样的存在。这是企业内部控制保持威慑力的一个必要机构，虽然我们一再强调以激励刺激发展，以薪酬和满足需求为员工提供动力，但不排除有些有道德瑕疵的人总是想偷鸡摸狗，对他们这种行为的宽容和视而不见就如同看到蚂蚁在水库堤坝上建设巢穴而听之任之。

因此，审计负责人这个岗位需要一个正直、智慧、原则性强，性格上疾恶如仇，手段上刁钻泼辣，专业和理论实践经验都很丰富的人来担任。具有多年审计和诉讼经验是前提条件，人情世故和丰富的社交技巧是加分项，如果审计负责人不具备上述基本素养，团队长期规则的维持、工作效率的维持是存在风险的，体现在财务指标上，就是增加成本费用的风险。

企业内部所有板块的协作情况如何，以是否达成目标为唯一检验标准。各板块负责人和企业一把手都需要不断地自我反省，相互配合，才能使得团队的效率达到最优。团队协作最佳的状态是所有板块一起步入高潮，彼此都满意，从而达成共同的目标。

对投资人来说，如果以上这8个岗位选对了人，这个团队成功的概率就极大。

5.3 统筹分析框架

把意愿和能力整合起来分析，最终会形成一个结果，那就是项目或企业经营是否能取得成功。以绩效考核等结果论英雄的方法就是看各期业绩是否达标。如果我们将长期的团队融合和效率也考虑进来，在考虑团队长期的业绩达标可能性和稳定性时，则要考虑整个团队的协调稳定，团队稳定和谐的最核心要素就是要"臭味相投"，即价值观相同。因此我们可以发现以下这个常用的人才考核和选用矩阵再一次奏效了。

（1）五类人员

企业中的所有人都可以分为五类：明星、野狗、老黄牛、小白兔、流浪狗。划分标准如图3-7：

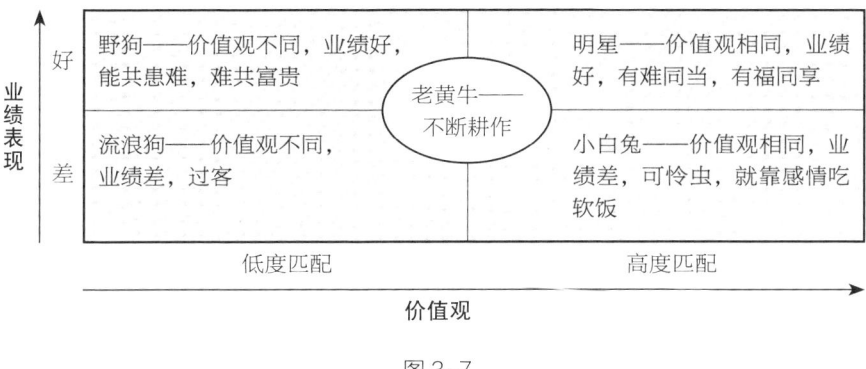

图 3-7

我们把任何一个团队中的人按上述两个维度（价值观和业绩）进行划分，必然可以把每一个人划分为上述五个类型中的一种，每一种人的命运也就注定了。需要注意的是，价值观也可以划分为更多的维度，比如正直、可靠、勤奋、坚毅等各类细分指标；同理，业绩表现也可以用企业中的 KPI 或者类似指标进行进一步划分。对于不同的企业来说，在创业早期往往会形成各自不同的行为习惯和风格，这些潜在的、不成文的规则正是其文化、价值观的体现，正是"臭味相投"的体现。同样，在企业发展的不同阶段，价值观也不是一成不变的。

（2）五种命运

团队中最受欢迎的自然是业绩好，价值观又相投的那一部分人，他们被定义为"明星"，所有升职加薪、重点培养都要向这部分人倾斜。企业负责人和管理团队最重要的责任就是留住这部分人，想方设法给予他们持续的激励、个人发展，不断提升其工作满意度和幸福感。

团队中的"野狗"，即业绩很好但价值观与企业并不相符的人。

企业在生存发展的阶段是需这样的人的，但当企业发展到一定阶段，不用再为生存发愁、需要保证团队协调更高效的时候，这部分人往往会成为被淘汰的对象，所谓"狡兔死、走狗烹"说的正是这类人。

至于"小白兔"这类人，价值观与企业高度匹配，但业绩不好，完全是靠和企业、和团队的感情维持自身生存，对企业并无贡献。这类人其实是不利于企业发展的，在企业发展的攻坚阶段，这类人会成为企业发展的沉重负担，所以阿里、华为这类面临激烈竞争的企业在近些年也不得不狠下心来送走"小白兔"。现实生活中有太多因为"小白兔"众多而经营困难的企业案例，其中最典型的就是经营效益不好的国企。这类企业内部人员背景复杂，裙带关系多，大家臭味相投，就是做不出业绩来。

至于"流浪狗"，这些人业绩很差，价值观也与企业不匹配，就像流浪狗的到来，不久就会走，属于过客。

"老黄牛"属于上述四类人之外的其余人，由于不突出，但是又不可或缺，广泛存在于企业之中。这些人只要不断进步，就有望转化为"明星"。

从上述模型中我们可以发现一个道理，要想成为明星，需要价值观和业绩都符合企业要求，而价值观却会因为不同的管理团队和不同的创始人而千差万别。即便是一个业务能力很强的人，也可能因为价值观不匹配企业而沦落成"野狗"。因此，"怀才不遇"其实是一个大概率事件，大部分人注定了一辈子会怀才不遇，除非刚好碰到一个团队和企业的价值观与自己相符，否则多半是不如意的。韩信就是一个例子，在项羽团队中他属于"流浪狗"，由于价值观不同，因此连证明自己业绩能力的机会都没有。在刘邦的团队中，他最开始被刘邦的车夫夏侯婴引荐给刘邦，刘邦只是把韩信看作"小白兔"，后来韩信悲观失望、自暴自弃而变成"流浪狗"，最终选择离开，这才有了"萧何月下追韩信"，而后韩信通过战功变为"野狗"，并进一步转变为"明星"。可见"明星"之路是多么的坎坷和不易，很多时候除了自身的修养以外，还需要靠运气。一旦"明星"这样的人组成了一个团队，这个团队的战斗力就会极其强大。这类明星团队，正是投资人苦苦寻觅的。

至此，关于利润层面的风险就介绍完了，上述关于风险的分析逻辑同样适用于利润的预测分析逻辑。

三、分红层面的风险

股利政策的保障也是分层级的：第一个层级是意愿层级，愿意分红；第二个层级是制度层级，不愿意分红，但是投资人要求必须分红；第三个层级是理性层级，企业内部留存利润的收益率高于外部可获得的其他投资项目收益率，那可以不用分红，因为企业的 ROE 回报高于机会成本，放在企业滚动增值会更划算；第四个层级是能力层级，利润有了，股利政策也支持，还得要现金充盈。

1. 愿意分吗

在企业获得了利润之后，有些大股东是愿意分红的，通常他们自己就有改善生活状况的需求，尤其是当他们存在着较重的家庭经济负担或还有别的个人投资需求的时候。

但也有一些大股东并不愿意分红，出现这种情况多半是因为大股东或者一把手是一个极其拼命的人，或是一个疯狂的大投机者、冒险家，或是没有太多家庭经济负担的人。他们更希望把所有的利润都留在企业，用于进一步的扩张，以求用最快的速度达到发展的目标。

所以在投资人看好项目本身以后，他们需要多问一句：如果挣钱了，愿意分红吗？

2. 强制分行吗

如果企业一把手或者实控人就上述问题给出的答案是不分红，而投资人又要求必须分红，那就需要将分红写入投资协议，或者在股权投资后的公司章程中对此进行特别约定，以保障后续分红的顺利实施。

这个不得不分的手段，是实现投资目标的保障。当然，这要提前谈好。

3. 该分吗

当企业有了利润，如果把其中一部分作为股利分给投资人，那投资人拿了这个钱该怎么用呢？如果投资人拿来再投资，那再投资的收益率是多少呢？如果再投资的收益率是8%，而企业净资产收益率是10%，那投资人应该分红吗？很显然没有必要分，因为这些股利如果继续存放在企业中，能够获得更高的收益。

所以判断企业净资产收益率和投资人额外的投资机会成本孰高孰低，是决定是否应该分红的一个指标。

4. 分得了吗

如果前面的问题我们都得到了肯定的答案，那就进入到最后一个环节：企业要拿出真金白银来付款了。但企业账上有那么多现金吗？企业的现金分了之后还能够保证企业持续经营的流动资金和追加投资需求吗？还能够满足企业债务清偿的要求吗？

上述都是可能导致企业有利润，又愿意分红，但最终却无法分红的因素。任何企业如果只有利润却没有现金分红都是一个极其诡异的情况，务必要查明原因，谨防骗局。采用经营活动净现金流这个指标来对企业长期的现金流状况进行分析研究可以了解企业真实的盈利情况和造血情况。

因此，企业资金链管理风险、偿债能力风险都是投资者需要额外关注的。对企业资金计划与平衡的关注，对其资金链安全的关注（关注的财务指标是未来各期的现金等价物余额表），对企业的偿债能力分析（关注的是偿债比率，如资产负债率、流动比率、速动比率、利息备付率等指标），其实也属于风险分析的范畴，因为债务违约导致利润或者分红无法实现，是通过风险的形式体现而非通过收益或流动性问题的形式体现的。

四、退出层面的风险

退出层面的风险是指无法退出的风险。如企业持续亏损，破产清算了；企业盈利不及预期，增长缓慢；企业股权比例过低，转让难度过大；新出政策限制不得随意转让股权（如前些年出现的小煤矿国有化）；股权回购无法履约等。

不论是什么原因导致了退出无法实现，所有这些原因，都是退出层面的风险。对具体投资项目的退出风险，需要结合具体的行业特点来分析，我们将会在下一章详细讲解，此处就不一一展开。

所有风险中，退出风险是项目投资成功与否最致命的风险！

第四章

流动性详解

很多人会认为投资最看重的是收益和风险，而往往忽视流动性。但对于股权投资来说，收益和风险其实是第二位，第一位应该是流动性（即退出方式），因为只有实现了流动性，项目能够成功退出，才会有收益。退出是股权投资活动能够保持循环的核心环节。

如果把投资人看作是一个贸易商，那投资人首先要知道他的客户是谁，他的客户要什么。如果把被投资企业看作是一个商品，那投资人买了这个被投资企业的股权，是为了拿去卖给谁？买家是否有意愿买这样一个被投资企业，有多大意愿买，愿意出多高的价格买？这是投资人务必要关注的。投资人搞清楚了自己客户的需求之后，再去控制自己的成本，提升被投资企业的价值，才是正常的商业逻辑。

所以，在看一个股权投资项目的时候，我们首先要判断其是否具有流动性，确定有退出渠道之后，才进一步分析其收益和风险。如果一上来就把精力花在收益分析和风险分析上，最后却发现没有退出渠道，那整个分析过程就没有存在的必要，效率就打了很大的折扣。当然，如果你投资某一个项目的初衷就是永远持有，永不退出，那倒是可以另当别论。

搞清楚了这个逻辑，我们现在来看看退出都有哪些方式。

一、实现流动（退出）的方式

1. 公开上市

公开上市即首次公开募股（IPO，即 Initial Public Offering），IPO 通常是风险投资和股权投资最佳的退出方式。IPO 可以使股份转变为上市公司股票，实现流动。由于股票价格的波动，投资者采用这种方式退出往往可以在比较高的价位区间卖出股票以获得不错的收益。IPO 显示了资本市场对公司的认可，也有助于企业形象的树立以及保持持续的融资渠道。IPO 上市需要较高的条件，比如中国大陆需要证监会审核通过，退出的费用也比较大（1000 万—2000 万元人民币不等），大股东及高级管理人员等持股方有限售锁定要求，在一定时间内不得退出。

IPO 是在资本市场上进行操作实现的，资本市场因地域的不同而有所不同，比如有美国的、有新加坡的、有中国内地的和中国香港的。

1.1 美国资本市场

美国拥有现在世界上最大的、最成熟的资本市场，股票总市值几乎占了世界的一半，季度成交额也占了全球的 60%。美国的证券市场除了纽约证券交易所（NYSE）和美国证券交易所（AMEX）两个证券交易所之外，还有纳斯达克（NASDAQ）这个世界上最大的电子交易市场，还有柜台电子公告榜（OTCBB）等柜台交易市场。企业只要符合其中任何一个市场的上市条件，就可以向美国证监会申请登记挂牌上市。因此各种各样的企业都有很大可能在美国资本市场找到对应的板块。

（1）上市条件

表 4-1

项目	纽约证券交易所	美国证券交易所	纳斯达克全国板股市	纳斯达克小板股市
净资产	4000 万美元	400 万美元	600 万美元	500 万美元
市值	1 亿美元	3000 万美元	/	3000 万美元
最低净收入	/	/	/	75 万美元
税前收入	1 亿美元（最近 2 年每年不少于 2500 万美元）	75 万美元	100 万美元	/
股本	/	400 万美元	/	/
最少公众流通股数	250 万美元	100 万美元或 50 万美元	110 万美元	100 万美元
流通股市值	1 亿美元	300 万美元	800 万美元	500 万美元
申请时最低股票价格	/	3 美元	5 美元	4 美元
公众持股人数每人 100 股以上	5000 人	400 人	400 人	300 人
经营年限	连续 3 年盈利	2 年经营历史	/	1 年或市值 5000 万美元

资料来源：《公司 IPO 上市操作指引（修订）》，谷志威编著

（2）主要特点

在美国资本市场上市的主要方式有 IPO 和借壳上市两种。对于中等偏大型的企业，比如净资产 5000 万元人民币左右，或年营业额达到 2 亿元人民币，并且净利润在 1500 万元人民币以上的企业，可以考虑在纳斯达克 IPO，对于更好的企业则可以考虑到纽约证券交易所 IPO。中国的中小企业在美国上市，最便宜的方法是借壳上市，无论是时间还是成本费用都要比 IPO 少很多。IPO 整个时间大概要一年，前期费用就要 150 万美元到 200 万美元，而借壳上市前期费用要 65 万美元到 95 万美元，时间 4 到 6 个月。

美国股票市场换手率高，市盈率高，资金量充足。但由于两国文化和法律有相当大的差异，因此不少中国企业后续在满足国外信息披露和公司治理要求时会有一定不适应，属于"进去容易，坐稳困难"。

1.2 中国香港资本市场

香港是内地企业在境外上市最先考虑的地方，也是内地企业境外上市最集中的地方，这主要得益于香港的地理位置、金融地位以及和内地的特殊关系。随着近些年改革开放和两地经济、文化生活的逐步交融，香港和内地之间的联系日益紧密。相比于美国资本市场，内地企业适应香港资本市场的各项规则会显得相对容易。

（1）上市条件

表 4-2

项目	主板	创业板
盈利要求	具备 3 年营业记录，过去 3 年盈利合计 5000 万港元（最近 1 年须达 2000 万港元，在之前 2 年合计须达 3000 万港元），在 3 年的业绩期，须有相同的管理层	无盈利要求，但一般须显示有 24 个月的活跃业务和活跃的主营业务。在活跃业务期，须有相同的管理层和持股人
市值要求	新申请人上市时的预计市值不得少于 1 亿港元，其中由公众人士持有的证券的预计市值不得少于 5000 万港元	上市时的最低市值无具体规定，但实际上市时不能少于 4600 万港元；期权、权证或类似权利，上市时市值须达 600 万港元
股东要求（新上市）	在上市时最少须有 100 名股东，而每 100 万港元的发行额须不少于 3 名股东持有	于上市时公众股东至少有 100 名，如公司可能符合 12 个月"活跃业务记录"的要求，于上市时公众股东至少有 300 名
公众持股要求	最低公众持股数量为 5000 万港元或已发行股本的 25%（以两者中较高者为准）；但若发行人的市值超过 40 亿港元，则可降低至 10%	市值少于 40 亿港元的公司的最低公众持股量须占 25%，涉及的金额最少为 3000 万港元；市值相等于或超过 40 亿港元的公司，最低公众持股量须达 10 亿港元或已发行股本的 20%（以两者中较高者为准）
禁售规则	上市后 6 个月控制性股东不能减持股票，6 个月期间控制性股东不得丧失控股股东地位（股权不得低于 30%）	在上市时管理层股东及高持股量股东必须合计共持有不少于公司已发行股本的 35%。管理层股东和持股比例少于 1% 的管理层股东的股票禁售期分别为 12 个月和 6 个月

（续表）

项目	主板	创业板
主营业务要求	无	必须有主营业务
公司治理要求	主板公司须委托至少两名独立非执行董事，联交所亦鼓励（但非强制要求）主板公司成立审核委员会	须委任独立非执行董事、合资格会计师和监察主任以及设立审核委员会
保荐人制度	有关聘用保荐人的要求于公司上市后即告终止（H股发行人除外：H股发行人须至少聘用保荐人至上市后满1年）	须于上市后最少两个整财政年度持续聘用保荐人当顾问
管理层稳定性要求	申请人的业务须于3年业绩记录期间大致由同一批人管理	申请人则须在申请上市前24个月（或减免至12个月）大致由同一批人管理及拥有

资料来源：《公司IPO上市操作指引（修订）》，谷志威编著

（2）主要特点

在香港的资本市场上市也以IPO和借壳上市两种方式为主。香港资本市场的股票换手率比美国市场要低很多，经常可以看到有一些股票一天也没有多少交易量，因此流动性相对差一些。在市盈率方面，香港资本市场的市盈率大概只有纽约证券交易所的一半，约是纳斯达克的60%，因此同样的股本募集的资金规模要小很多，这是一个缺点。

1.3 中国内地资本市场

内地资本市场我们选取主板、创业板、科创板三个具有代表性的，

也最具有可操作性的市场来介绍。由于广大读者朋友跟我国的股票市场都有接触，对股票市场的了解也具有相当水平，因此关于我国资本市场的主要特点就不再赘述。

（1）主板上市

根据《首次公开发行股票并上市管理办法》的规定，主板上市需要满足下述一系列条件：

↘ 主体资格

➢ 依法设立且合法存续的股份有限公司（或有限责任公司改制为股份有限公司）。

➢ 持续经营时间 3 年以上。

➢ 注册资本已足额缴纳，发起人用作出资的资产的财产权转移手续已办理完毕。

➢ 发行人主要资产不存在重大权属纠纷（如取得房屋、土地、机器设备、车辆、无形资产、专利技术等资产的途径合法，有证件证明其产权属于发行人）。

➢ 生产经营符合法律、行政法规和公司章程的规定，符合国家产业政策。

➢ 最近 3 年内主营业务和董事、高级管理人员没有发生重大变化，公司实际控制人没有发生变更。

➢ 股权清晰，控股股东和受控股股东、实际控制人支配的股东持有的发行人股份不存在重大权属纠纷（如不存在委托持股、信托持股，股东不得是职工持股会、工会等）。

↘ 规范运行

➢ 依法建立健全股东大会、董事会、监事会、独立董事、董事会
秘书制度，相关机构和人员能够依法履行职责。

➢ 董事、监事和高级管理人员符合法律、行政法规和规章规定的
任职资格，不得有下列情形：被中国证监会采取证券市场禁入
措施尚在禁入期的；最近 36 个月内受到中国证监会行政处罚，
或者最近 12 个月内受到证券交易所公开谴责；因涉嫌犯罪被司
法机关立案侦查或者涉嫌违法违规被中国证监会立案调查，尚
未有明确结论意见。

➢ 内部控制制度健全且被有效执行，能够合理保证财务报告可靠、
生产经营合法、运营效率和效果。

➢ 守法经营，不得有下列情形：最近 36 个月内未经法定机关核准，
擅自公开或者变相公开发行过证券；或者有关违法行为虽然发
生在 36 个月前，但目前仍处于持续状态。最近 36 个月内违反
工商、税收、土地、环保、海关以及其他法律、行政法规，受
到行政处罚，且情节严重。最近 36 个月内曾向中国证监会提出
发行申请，但报送的发行申请文件有虚假记载、误导性陈述或
重大遗漏；或者不符合发行条件以欺骗手段骗取发行核准；或
者以不正当手段干扰中国证监会及其发行审核委员会审核工作；
或者伪造、变造发行人或其董事、监事、高级管理人员的签字、
盖章。本次报送的发行申请文件有虚假记载、误导性陈述或者
重大遗漏。涉嫌犯罪被司法机关立案侦查，尚未有明确结论意
见。严重损害投资者合法权益和社会公共利益的其他情形。

> ➤ 担保合规：公司章程中已明确对外担保的审批权限和审议程序，不存在为控股股东、实际控制人及其控制的其他企业进行违规担保的情形。

> ➤ 资金管理制度严格：不得有资金被控股股东、实际控制人及其控制的其他企业以借款、代偿债务、代垫款项或者其他方式占用的情形。

↳ 财务与会计

> ➤ 发行人资产质量良好，资产负债结构合理，盈利能力较强，现金流量正常，符合以下条件：最近 3 个会计年度净利润均为正数且累计超过人民币 3000 万元，净利润以扣除非经常性损益前后较低者为计算依据。最近 3 个会计年度经营活动产生的现金流量净额累计超过人民币 5000 万元；或者最近 3 个会计年度营业收入累计超过人民币 3 亿元。发行前股本总额不少于人民币 3000 万元。最近一期末无形资产（扣除土地使用权、水面养殖权和采矿权等后）占净资产的比例不高于 20％。最近一期末不存在未弥补亏损。

> ➤ 关于持续盈利能力，发行人不得存在下列影响持续盈利能力的情形：发行人的经营模式、产品或服务的品种结构已经或者将发生重大变化，并对发行人的持续盈利能力构成重大不利影响；发行人的行业地位或发行人所处行业的经营环境已经或者将发生重大变化，并对发行人的持续盈利能力构成重大不利影响；发行人最近 1 个会计年度的营业收入或净利润对关联方或者存

在重大不确定性的客户存在重大依赖；发行人最近 1 个会计年度的净利润主要来自合并财务报表范围以外的投资收益；发行人在用的商标、专利、专有技术以及特许经营权等重要资产或技术的取得或者使用存在重大不利变化的风险；其他可能对发行人持续盈利能力构成重大不利影响的情形。

➤ 关于会计报告：内部控制在所有重大方面是有效的，并由注册会计师出具了无保留结论的内部控制鉴证报告。会计基础工作规范，财务报表的编制符合企业会计准则和相关会计制度的规定，在所有重大方面公允地反映了发行人的财务状况、经营成果和现金流量，并由注册会计师出具了无保留意见的审计报告。编制财务报表应以实际发生的交易或者事项为依据；在进行会计确认、计量和报告时应当保持应有的谨慎；对相同或者相似的经济业务，应选用一致的会计政策，不得随意变更。

➤ 关于依法纳税：各项税收优惠符合相关法律法规的规定。发行人的经营成果对税收优惠不存在严重依赖。

➤ 发行人应完整披露关联方关系并按重要性原则恰当披露关联交易。关联交易价格公允，不存在通过关联交易操纵利润的情形。

➤ 发行人不存在重大偿债风险，不存在影响持续经营的担保、诉讼以及仲裁等重大事项。

↘ 上市步骤

➤ 按照上市要求制定公司股份制改制方案、财务审计、资产评估、验资等。

> ➤ 证券公司、律师、财务顾问进行尽职调查，针对存在的问题对公司进行辅导规范，达到上市标准。

> ➤ 编制招股说明书、准备审核材料，报证监会发审委审核。

> ➤ 证监会审核通过后，申请上市发行，股票正式上市。

（2）创业板上市

根据《首次公开发行股票并在创业板上市管理办法》《关于开展创新企业境内发行股票或存托凭证试点的若干意见》等的规定，在创业板上市需要满足下述一系列条件：

↘ 主体资格

> ➤ 发行人是依法设立且持续经营 3 年以上的股份有限公司。有限责任公司按原账面净资产值折股整体变更为股份有限公司的，持续经营时间可以从有限责任公司成立之日起计算。

> ➤ 最近 2 年连续盈利，最近 2 年净利润累计不少于 1000 万元；或者最近 1 年盈利，最近 1 年营业收入不少于 5000 万元。净利润以扣除非经常性损益前后较低者为计算依据。

> ➤ 最近一期末净资产不少于 2000 万元，且不存在未弥补亏损。

> ➤ 发行后股本总额不少于 3000 万元。

> ➤ 发行人的注册资本已足额缴纳，发起人或者股东用作出资的资产的财产权转移手续已办理完毕。发行人的主要资产不存在重大权属纠纷。

> ➤ 发行人应当主要经营一种业务，其生产经营活动符合法律、行

政法规和公司章程的规定，符合国家产业政策及环境保护政策。

➤ 发行人最近 2 年内主营业务和董事、高级管理人员均没有发生重大变化，实际控制人没有发生变更。

➤ 发行人的股权清晰，控股股东和受控股股东、实际控制人支配的股东所持发行人的股份不存在重大权属纠纷。

↘ 治理规范

➤ 发行人具有完善的公司治理结构，依法建立健全股东大会、董事会、监事会以及独立董事、董事会秘书、审计委员会制度，相关机构和人员能够依法履行职责。

➤ 发行人应当建立健全股东投票计票制度，建立发行人与股东之间的多元化纠纷解决机制，切实保障投资者依法行使收益权、知情权、参与权、监督权、求偿权等股东权利。

➤ 发行人资产完整，业务及人员、财务、机构独立，具有完整的业务体系和直接面向市场独立经营的能力。与控股股东、实际控制人及其控制的其他企业间不存在同业竞争，以及严重影响公司独立性或者显失公允的关联交易。

↘ 财务制度

➤ 发行人会计基础工作规范，财务报表的编制和披露符合企业会计准则和相关信息披露规则的规定，在所有重大方面公允地反映了发行人的财务状况、经营成果和现金流量，并由注册会计师出具无保留意见的审计报告。

> 发行人内部控制制度健全且被有效执行，能够合理保证公司运行效率、合法合规和财务报告的可靠性，并由注册会计师出具无保留结论的内部控制鉴证报告。

↘ 合规经营

> 董事、监事和高级管理人员应当忠实、勤勉，具备法律、行政法规和规章规定的资格，且不存在下列情形：被中国证监会采取证券市场禁入措施尚在禁入期的；最近 3 年内受到中国证监会行政处罚，或者最近 1 年内受到证券交易所公开谴责的；因涉嫌犯罪被司法机关立案侦查或者涉嫌违法违规被中国证监会立案调查，尚未有明确结论意见的。

> 发行人及其控股股东、实际控制人最近 3 年内不存在损害投资者合法权益和社会公共利益的重大违法行为。

> 发行人及其控股股东、实际控制人最近 3 年内不存在未经法定机关核准，擅自公开或者变相公开发行证券，或者有关违法行为虽然发生在 3 年前，但目前仍处于持续状态的情形。

（3）科创板上市

根据《科创板首次公开发行股票注册管理办法（试行）》和《科创板上市公司持续监管办法（试行）》等相关规定，科创板上市需要满足下述一系列条件：

↘ 开放对象

➢ 优先支持符合国家战略，拥有关键核心技术，科技创新能力突出，主要依靠核心技术开展生产经营，具有稳定的商业模式，市场认可度高，社会形象良好，具有较强成长性的企业。

↘ 主体资格

➢ 发行人是依法设立且持续经营 3 年以上的股份有限公司，具备健全且运行良好的组织机构，相关机构和人员能够依法履行职责。

➢ 有限责任公司按原账面净资产值折股整体变更为股份有限公司的，持续经营时间可以从有限责任公司成立之日起计算。

↘ 会计制度

➢ 会计基础工作规范，财务报表的编制和披露符合企业会计准则和相关信息披露规则的规定，在所有重大方面公允地反映了发行人的财务状况、经营成果和现金流量，并由注册会计师出具标准无保留意见的审计报告。

➢ 内部控制制度健全且被有效执行，能够合理保证公司运行效率、合法合规和财务报告的可靠性，并由注册会计师出具无保留结论的内部控制鉴证报告。

↘ 独立持续经营

➢ 资产完整，业务及人员、财务、机构独立，与控股股东、实际控制人及其控制的其他企业间不存在对发行人构成重大不利影响的同业竞争，不存在严重影响独立性或者显失公平的关联交易。

➤ 主营业务、控制权、管理团队和核心技术人员稳定，最近 2 年内主营业务和董事、高级管理人员及核心技术人员均没有发生重大不利变化；控股股东和受控股股东、实际控制人支配的股东所持发行人的股份权属清晰，最近 2 年实际控制人没有发生变更，不存在导致控制权可能变更的重大权属纠纷。

➤ 不存在主要资产、核心技术、商标等的重大权属纠纷，重大偿债风险，重大担保、诉讼、仲裁等或有事项，经营环境已经或者将要发生重大变化等对持续经营有重大不利影响的事项。

↘ 合规经营

➤ 最近 3 年内，发行人及其控股股东、实际控制人不存在贪污、贿赂、侵占财产、挪用财产或者破坏社会主义市场经济秩序的刑事犯罪，不存在欺诈发行、重大信息披露违法或者其他涉及国家安全、公共安全、生态安全、生产安全、公众健康安全等领域的重大违法行为。

➤ 董事、监事和高级管理人员不存在最近 3 年内受到中国证监会行政处罚，或者因涉嫌犯罪被司法机关立案侦查或者涉嫌违法违规被中国证监会立案调查，尚未有明确结论意见等情形。

2. 兼并收购

兼并收购是相对于 IPO 或者借壳上市这种在公开市场上交易的途径而言的，相当于是被别的买家买走。有可能是被企业的竞争对手收购，也可能是被企业的上游企业或下游企业收购，或是被新的投资者买走。

被竞争对手收购的情况是比较普遍的，且在这种情况下所给予的收购价格还比较高，比如分众传媒收购聚众传媒。这类收购往往是造就寡头的方式之一，通过收购竞争对手，达到扩大市场份额、减少行业内部对抗的目的，是提高销售利润率最简单的办法。

被上游企业收购是一种什么情况呢？比如我们投资的企业是一家医药经销企业，它有广泛的医药渠道，经销的药品主要是一些心血管类的药品，那它的上游企业——药品生产商、制造商就有可能有意愿去收购它。因为收购经销企业之后，他们就获得了销售的终端渠道，从而控制自己企业销售的风险，也可以更好地制订生产计划，减少不必要的成本支出，获取稳定的收益增长。

被下游企业收购又是一种什么情况呢？比如我们投资的企业是一个林场，种植的林木用于纸张的生产，那下游的纸张制造企业就有意愿去收购这样的林场，以保证原材料供应的稳定。

被新的投资者买走是什么情况呢？这种情况通常是有新的投资者也看好这个项目，但是他们早期没有投资，或者是已经投资了但觉得投资力度还不够，想再追加投资。为了增加投资额度，他们除了增资以外，还可以采用老股转让的形式获取公司的股权。当采用老股转让的形式，如果买的是我们持有的这部分股权，那我们就可以退出了。

采用兼并收购这种方式退出的时间通常比较短，在完成尽职调查以后，大概 2—3 个月就可以完成整个交易过程。采用兼并收购方式退出是一种成本相对最低、效率最高的方案。

现实生活中有越来越多的项目就是通过兼并收购的方式来退出的，所以项目将来的买方或潜在买方是谁，数量有多少就成为项目退出一个极其重要的判断因素。如果项目未来没有买家或潜在买家，那项目的退出风险是极大的，所有的收益保障的实现都有极大的风险。

3. 股权回购

股权回购是指被投资企业，或者被投资企业的管理人员，或者被投资企业原股东按照投资协议约定的触发条件和价格将公司的股权买回去，从而使投资人退出，这种类型的退出方式通常在投资人设置了对赌条款的项目中普遍存在。通常，股权回购并不是理想的退出方式，投资协议中回购条款的设置往往是为了保障在最不利的情况下自己还有一条退出渠道，以保证投资失误时还能及时止损。

被原来的转让方或大股东回购这种情况在现实生活中大多存在于投资人和创业者对赌条款中。比如原来的转让方计划在三年或五年内完成企业上市，但这三年或五年里企业的业绩增长需要一定的资金支持，那企业通常会选择引入战略投资者。在企业上市的时候，这些战略投资者可以通过公开的资本市场退出，但由于种种原因，如果企业在三年或五年内没有成功上市，那这些战略投资者之前设想的退出方式就没有了，因此他们通常会要求原有的股权转让方回购其持有的股份。在这类情况下，投资者一般会设定一个具体的每年的保底收益率（如5%或7%），在回购的时候按这个收益率计算退出价格。

股权回购和兼并收购都是股权转让，但股权转让的买家不同。

如果目标企业发展较好，经营不错，企业的管理人员或原股东通过回购股权以对企业实现更好的控制，对他们而言是有主动意愿的，在一些企业发展过程中采用的"假股真债"也与此类似。如果投资人认为企业发展与预期不符，投资人要求企业回购股权则对企业较为不利。

4. 清算

清算是一种最粗暴的退出方式，一般发生在企业未来收益已经难以保障、前景堪忧的情况下。如果已经可以判断出其未来的趋势里不可能再有盈利或者会持续亏损，同时又没有新的产业投资者愿意收购，那采用清算的方式退出就是壮士断腕，不得不为。与其持续亏损、消耗投资成本，不如立即止损，尽快结束。

通过这种方法通常只能收回原来投资的极少部分，但在必要的情况下必须果断实施，否则只能带来更大的损失。资金与其沉淀其中不能发挥作用，不如及时收回，再投入到更加有希望的项目中去。

二、如何选择退出方式

1. 退出方式比较

1.1 IPO 方式

（1）IPO 优势

回报较高：通过 IPO 退出通常能获得较其他方式更好的收益，一般可达投资额的几倍、几十倍（如软银投资阿里巴巴获利超 1000 倍）。在股票市场火爆的时候，各行业都普遍存在估值较高的情况，目标企业 IPO 的上市价格也会相应较高。当然，也存在市场低迷的时期，这时候整体行业都处于被低估状态，在此时选择 IPO 显然不是明智之举。一般企业和投资人都会把握好时机，在行情好的时候上市。

各方共赢：对原始股东而言，投资人和创业者作为企业的原始股东，其利益是捆绑在一起的，在投资人获得不错回报的同时，创业者也享受同样的增值收益。

对被投资企业而言，被投资企业上市以后可以获得比之前更好的融资基础和条件，未来融资成本会显著降低，新募集的资金有助于扩大企业规模、降低财务成本，从而进一步提升盈利水平。企业为 IPO 所必须规范的公司治理结构、信息披露程序等管理措施，对企业长期稳健发展至关重要。

对投资人而言，所投项目一旦 IPO 成功，是对其投资能力最大的认可和肯定，更多有投资意愿和资金实力的人因此愿意把资金交给投资人打理，更多目标企业也愿意将入股机会给予投资人。

（2）IPO 劣势

门槛高：由于涉及广大的社会公众利益，各国股市主板市场的上市标准都比较高，监管也比较严格。上市企业需要满足主体资格、合规运行、产权清晰、公司治理规范等各方面要求，很多企业因为各方面原因无法满足上述要求。因此部分新兴中小企业会选择在门槛略低的创业板上市。随着我国科创板的推行，未来科创板的上市企业也会呈现出显著增长的趋势。

时间长：这主要体现在时间成本和经济成本上，上市程序使得企业从申请到上市需要经过较长的时间，对原始股东还存在一个股票交易锁定期的相关规定，投资人从投资到真正退出之间的周期相当长。如果按企业投资时点到具备上市条件所需时间是2—3年、上市申请到上市成功所需的时间是2—3年、投资人原始股（非大股东）锁定期为1年时间来计算，那么整个投资周期从进入到退出就长达5—7年，而很多投资人所募集的资金期限往往在5—10年，这样的退出方式对投资人来说是个不小的挑战。

不确定性高：自2015年股灾过后，国内根据当时的市场行情出现过控制上市公司数量，或暂时停止审批企业上市申报材料的情况，这对计划采取IPO上市的企业来说风险是极大的。另外，企业上市后的股票市场行情也受到企业之外的宏观经济和金融环境的影响，股票价格可能在短时间内出现大幅度的涨跌，因此退出的收益也存在很大的不确定性。

1.2 并购方式

（1）并购优势

高效灵活：并购退出的方式不存在IPO方式的排队等待和严格财务审查等程序，更简单高效，确定性也更高，买卖双方协商一致以后就可实施。

收益明确：并购退出只要在并购交易完成后就可一次性全部退出，价格及退出回报较为明确。IPO退出要在1—3年的锁定期之后才可以进行，但届时股价的不确定性往往会导致退出收益的不确定性。

（2）并购劣势

买家有限：如前文所述，并购的买家有可能是原来的转让方，也有可能是企业的竞争对手，还有可能是企业的上游企业或者下游企业，或是新的投资者。由于涉及的并购资金较大，因此市场上潜在的购买者数量有限，目标企业要找到合适的并购者并不容易，即使找到了也可能存在出价不具有吸引力的情况。

收益不如IPO：由于买家少，买方市场竞争不激烈，或者因为投资人为了能迅速退出，可能导致股权转让价格被低估，因此造成收益不如IPO退出方式高。

管理层冲突：这种方式最大的问题是投资人退出之后，企业的控制权有可能会发生变更。由于新买家收购股权后有可能获得董事会席位，有权对管理层进行调整，因此原先的管理层有可能会发生变化。新进入管理层的人员和原来管理层的人员是否能够和谐共处并不确定，因此原管理层通常会对并购保持迟疑甚至反对的态度。

1.3 回购方式

（1）回购优势

股权回购最大的优势是减小原管理层的动荡，不管是原股东回购、管理层回购，或是被投资企业回购（减资），通常都不涉及管理层的变动。在回购方有足够资金实力的时候，上述方式简单高效，比并购退出更快捷。

（2）回购劣势

采用回购方式退出的最大劣势是可能会错过最佳的收割期，过早的退出会丧失后期超额的收益。此外，回购可能会存在法律障碍，在早些年的司法判决中，通常会认为回购协议有损害其他债权人的嫌疑，但近些年的一些司法判决中，只要能证明投资人是独立于其他债权人的，回购协议则通常会被认为有效。

1.4 清算方式

采用这种方式退出的投资多半是失败了，能拿回来多少算多少。

2. 如何选择

我们究竟应该如何选择退出的方式？要回答这个问题，我们首先要搞清楚一个问题：我们退出的目标是什么？是为了获得最大的转让价格，还是为了获得最快的转让速度？

如果是为了获得最大的转让价格且可以不太注重退出的时间和效率，那我们优先选择通过 IPO 的方式退出，而且要优先选择那些市盈率高的资本市场。

如果是为了快速变现，迅速实现退出，那我们可以通过回购的方式退出，因为这个方式耗时最短，效率最高，但由于买家数量不多，因此溢价也不高。

如果我们既要速度快，又要获得较高的收益，那我们还可以选择用借壳上市的方式在资本市场上退出。

究竟是关注退出的价格，还是关注退出的效率，这跟不同的投资主体密切相关。如果我们采用的是基金投资，就要看基金的持续期限，到了相应的时间点就不得不退出；如果我们采用的是自有资金投资，那退出的时间要求就不是强制性的，则会更注重转让溢价。

三、流动性的决定因素

1. 买方动机

大家有认真想过流动性的核心决定因素是什么吗？

也许有些朋友会说，流动性的核心决定因素是能否上市、能否兼并收购、能否回购等，其实这些只是实现流动的方式，并不是从根本上决定流动性好与坏的因素。在新三板上挂牌的很多企业一年都没有一笔交易，这种虽然实现了挂牌交易，但是真实的流动性几乎没有。相较于主板的二级市场，越是买家众多、交易便捷，越能体现流动性好。因此，决定流动性的核心因素是买方是否足够多，或者买方虽少但购买意愿是否足够强。

那问题就来了，买家为什么买呢？

如果把被投资企业看作一个商品，那能够被卖出的根本原因还是这个商品满足了买家的某种需求。要满足买家的某种需求，商品就一定是承载了某种特殊功能的。

因此从更深层次的角度来分析，被投资企业是否具有核心价值，或者说是否具有与买家需求相匹配的核心价值才是体现被投资企业流动性好坏的决定因素。

2. 核心资产

一个企业的核心价值大致可以理解为其核心资产，这既可能是财务报表中体现的资产，也可能是报表之外体现的无形资产，甚至有时候可能是报表中的"不良资产"。

比如房地产公司的核心资产就是存货、在建工程（尤其是核心地段的），医院的核心资产是医疗团队、设备、药品，药品研发企业的核心资产是研发团队、专利等，药品经销商的核心资产是经销渠道和网络，广告公司的核心资产是受众资源，演艺经纪公司的核心资产是艺人资源和制片资源，电影制作公司的核心资产是创作团队、版权等，电影院的核心资产是屏幕、影院资源等。所有这些核心资产都是创造价值的关键，是企业持续运作和能够盈利的核心保障。购买被投资企业股权的买家，也是出于对上述资产价值创造功能的考虑才会买入。

站在买家的角度，买入被投资企业的原因可能是可以获得盈利分红、可以扩大自己的销售规模、可以保障自己的原材料供应稳定、可以保障自己的销售渠道、可以减少与竞争者的竞争、可以获得买卖差价等，正是这些动机构成了被投资企业流动性的根源。

所以，核心资产这个指标其实是反映流动性的，而非单纯反映估值或者投资收益。

一个令人惊讶的现象是，很多成功的投资人往往是资源整合和价值发现的高手，他们在资产价值被低估的时候低价收购，再整合出售给对这些资产更渴求的买家，从而获得巨大的收益。改革开放初期，"倒爷"牟其中拿中国的罐头换苏联的飞机，可谓是经典的案例。他当时的成功，源于他的视野和认知。如果他和其他人一样只把目光放在单一经济体之内，他看到的也只是苏联飞机的无用，中国罐头在国内的滞销。同时，苏联的飞机销售商和中国罐头厂里的会计只看到他们各自的存货，也许都犯愁应该怎么计提减值准备，显然都把这些资产当作不良资产来看待了。但在牟其中眼中，这些都是价值被严重低估的良好投资标的。

所以，对一个做投资的人来说，视野、认知和对经济发展现状与趋势的把握是极其重要的！

第五章

从 IRR 到 ROE

围绕第一章投资决策的核心指标，前面我们用三章的篇幅讲述了IRR（内部收益率）、风险和流动性，本章我们将再次回到最常分析和研究的指标IRR上，并对IRR的研究内容做进一步扩展。

此处我们先直接说结论：对于企业股权投资的IRR的观测可以通过转移到观测ROE（净资产收益率）来实现。

至于为什么，我们接下来详细介绍。

一、为什么可以把观测IRR变成观测ROE

1. 再话增资和老股转让

我们知道，判断是否要投一个项目的股权，最核心的是要看项目的IRR，那我们怎么具体去分析IRR呢？这就要看IRR的构成。

在分析IRR的构成之前，我们要区分两种情况。

第一种情况是我们直接出资设立或者增资进入某个企业，在这种情况下投入的资金是用于企业经营的。

第二种情况是我们投入资金购买老股份，在这种情况下投入的资金直接转给了原来的老股东，而没有用于企业的经营。

为什么要分两种情况来分析和讨论呢？我们来看看下图：

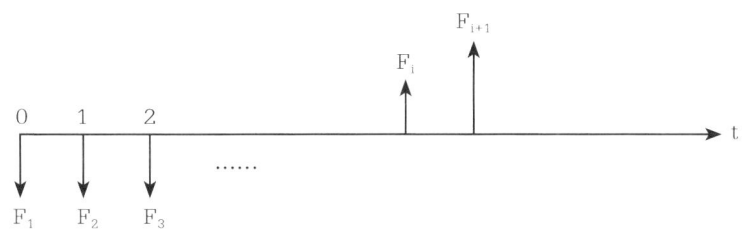

图 5-1

这个图里箭头朝下的 F_1、F_2、F_3 是投入项目的本金，箭头朝上的 F_i、F_{i+1} 是从项目流入给投资人的现金流。如果 F_1、F_2、F_3 没有投入到项目中而是转给了老股东，那投入到项目本身当中去进行增值和经营的本金就减少了。这样一来会对企业未来每一年的现金流入产生不利的影响。在企业 ROE 相同的情况下，投入的本金越多，后续每年的利润也会越多；投入的本金越少，后续每年的利润也就越少。所以说如果投资人的资金通过增资或直接出资的方式全部投入到项目里，那在投入相同的情况下，后续收入更多，整个项目的 IRR 也会更高。

假如这三笔钱都没有进入企业用于经营，而是全部给了企业的老股东，那后续每年的收益全靠项目原来的净资产在支撑增值，这种情况下，IRR 会比较低。

这就是为什么要区分老股转让和新设立或增资进入这两种情况。从投资人的角度来说，增资入股的方式是最优选择。搞清楚为什么要区分这两种情况以后，我们重点看新设立或者增资进入这种情况下要怎么样分析一个项目。

2. 从 IRR 到 ROE

大家仔细看一下图 5-2，这个图对于我们进一步分析和理解项目的收益构成非常重要。

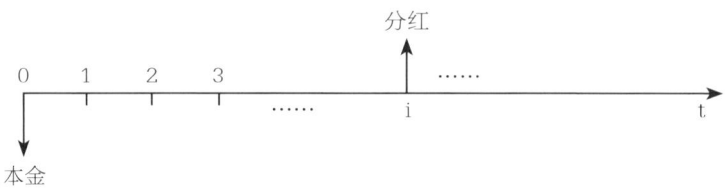

图 5-2

我们的现金流出就是我们支付的本金，那我们的收益是什么呢？在投资一个项目的股权并且一直持有的情况下，我们能获得收益的方式只有一种，就是分红。如果这个项目的股权在未来一定时间内转让，那我们的收入来源有两个：第一个是在退出之前持有期间每年所获得的分红收入，第二个是退出的时候所获得的转让对价。

有些朋友可能会说，他投了一个项目的股权，在持有期间的某一年盈利了，净利润有 100 万元，可是分红只分了 10 万元，那他的现金流入是 10 万元，还是 100 万元呢？我可以很明确地告诉大家，分红只分了 10 万元，那现金流入就只有 10 万元。另外 90 万元消失了吗？没有。另外的 90 万元以留存收益的形式投入到企业当中继续经营，这 90 万元也会对企业提出滚动的收益要求。

如果企业的 ROE 是 10%，那么这新增加投入净资产的 90 万元，到年末的时候可以获取 9 万元的新增收益，届时这 90 万元就变成 99 万元。假如这 99 万元在年末全部分红给了投资者，那就相当于投资者在这一年收到了这 90 万元的分红，再加上之前的分红 10 万元，这 100 万元一分也没少。所以那 90 万元只是相当于暂时存在企业中。

从图 5-3 中我们可以看到，如果某一年的分红完全没有分，全部投入到企业留存收益中以作继续滚动经营，那么到了第二年这个 F_i 就会因为企业 ROE 的原因而有一部分增值，这个增值额就是 $F_i \times$ ROE，F_i 的价值在第二年就变成了 $F_i \times (1+ROE)$。如果 ROE 等于 IRR，那留存收益滚动经营就不是亏的。

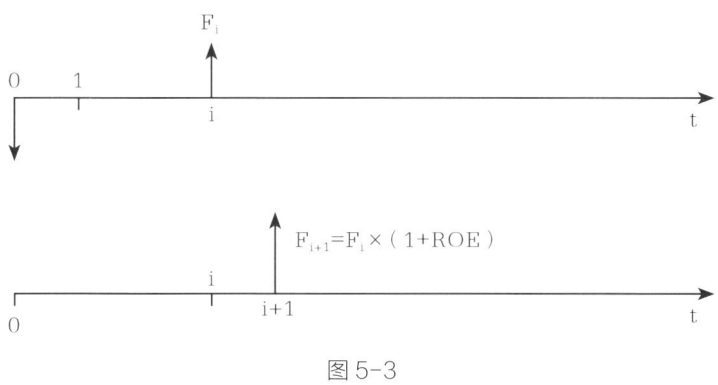

图 5-3

因此，我们会发现这个 ROE 对 IRR 的影响还是很大的。如果某一年的 ROE 大于项目原来整体的 IRR，那对于项目整体 IRR 是有提升的；如果当年的 ROE 低于项目原来整体的 IRR，那对于项目整体 IRR 是有拖累的；假如这个项目在这一年的 ROE 刚好等于项目原来整体的 IRR，那未分红部分继续投入企业以作滚动经营对收益率就不会有任何影响。

从我们为了追求更高 IRR 的目的出发，我们自然希望投资项目每年的 ROE 都尽可能地高，于是，原来对 IRR 的要求就转换成对 ROE 的要求，且是一个持续稳定的要求，不是指单一年或者某一年或者未来的某一个区间，而是希望整个持有期间都能够有个稳定的或者是稳定增长的 ROE。

搞清楚了 IRR 和 ROE 之间的传递关系以后，很多人就会问：如果未来的某一个时间点，我直接把这个股权卖掉了，那 IRR 和 ROE 还密切相关吗？答案是依然密切相关。从现金流时间轴上可以看到，假如我们在未来的某一个时点选择退出，那我们会一次性收到了一笔现金回流。本质上它相当于是把未来所有期间的现金流进行一个折现，折成了退出时点的金额。折现的基础还是以未来现金流结构为计算基础的，而未来现金流结构和未来每一年的现金流情况仍是和 ROE 密切相关的，所以它的根源还是离不开 ROE。

现在我们回想一下前面提到的老股转让这种情况。这种受让老股份的方式，在我们投入方面都是一样的情况下，通常对项目后续每年的 ROE 有更高的要求，因为进入企业的本金少，要想能够获得相同金额的回报，只有通过提高每年的 ROE 才能实现。

二、ROE 怎么构成

ROE 的中文翻译叫净资产收益率，也叫权益报酬率。对于 ROE 的构成，我们有一个最经典的分析办法，那就是杜邦分析体系（图 5-4），把 ROE 分解成销售净利率、总资产周转率和权益乘数三个指标：

净资产收益率（ROE）＝净利润 ÷ 净资产＝销售净利率 × 总资产
周转率 × 权益乘数

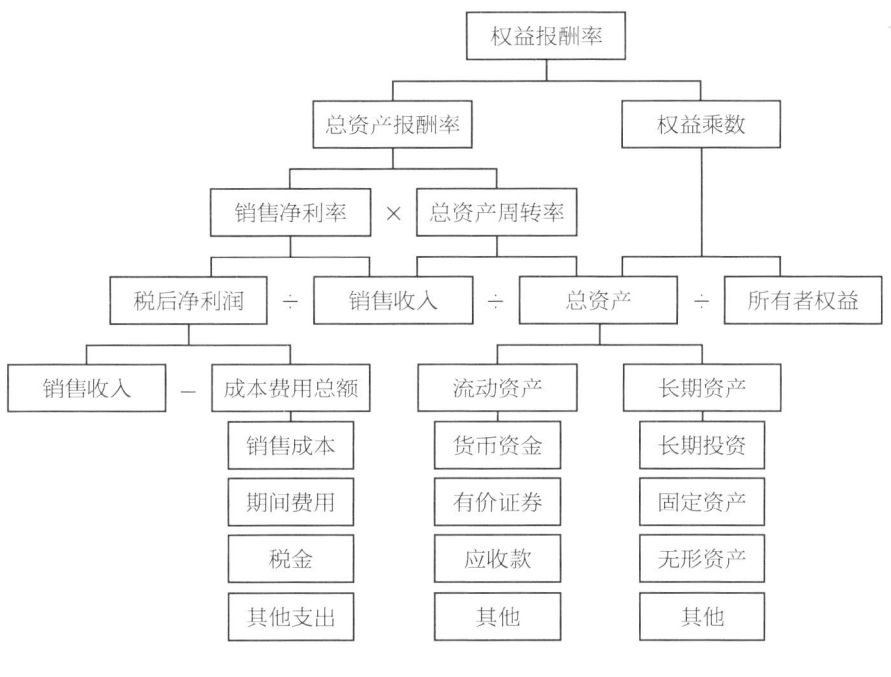

图 5-4

我们一定要记住一个最重要的前提，我们分析的不是企业后续某一年的 ROE，而是企业后续每一年的 ROE 及其变动情况和趋势，因此我们需要对每一个影响因素的未来发展趋势做出预测。

1. 销售净利率

前文我们花了较大的篇幅来告诉大家投资一个项目一定要注重它

的盈利模式，要弄清楚它究竟是怎么挣钱的，它究竟提供了什么产品、什么服务，每个产品或服务的毛利率是多少，究竟哪一种产品或服务才是它真正的利润贡献者。我们要记住，任何没有盈利模式的投资项目都是骗局。

从 ROE 的计算公式可以看出，没有利润，什么总资产周转率、权益乘数这些都没有意义。一个企业没有一个清晰准确的盈利模式，不知道自己怎么挣钱，那么投资这种企业的风险是非常大的。

要想追求高的 ROE 回报，最核心的一个因素就是高的销售净利率。

销售净利率＝税后净利润÷销售收入＝（销售收入－总成本－总费用－所得税）÷销售收入

什么样的情况下可以获得较高的销售净利率呢？多半是在销售定价比较高的情况下。那如何可以获得较高的销售定价呢？我们在前面第三章项目的风险分析中关于利润层面风险的部分介绍过，任何市场都可以大致分成四种类型的市场，即完全竞争市场、垄断竞争市场、寡头垄断市场及完全垄断市场。在完全垄断市场或者寡头垄断市场当中的拥有寡头地位或者垄断竞争当中的细分市场的垄断者具有较好的销售定价权，能够获得较高的销售定价，这些企业能够获得较高的销售净利率。还有一种情况就是在导入期或者成长期的企业，由于创新满足需求，因此可以获得较高的创新溢价，定价权也掌握在自己手里。

2. 总资产周转率

还记得我们在第三章中分析一个企业所处的市场规模问题及其市场占有率问题吗？为什么要分析这些？因为市场规模和市场占有率决定了一个企业可能达到的销售收入水平是多少，而销售收入是影响总资产周转率最核心的外在因素。

总资产周转率 = 销售收入 ÷ 总资产

因此追求尽可能高的销售收入是提高总资产周转率一个切实可行而且简单有效的办法。

3. 权益乘数

根据杜邦分析体系的指标体系，权益乘数 = 总资产 ÷ 所有者权益。根据财务报表的构成和基本概念，总资产 = 净资产 + 总负债。因此，要想提高权益乘数，就要提高负债在总资产中的比例。

换一个通俗的概念来讲，假如我们发现一个项目能挣到钱，我们首先用自己的本金去投资，当我们把本金全部投进去以后，发现这个市场还有显著的空间可以继续扩大，于是我们就借钱继续投入，进一步做大企业的规模。借的钱越多我们负债就越多，权益乘数也就越大。这就是为什么我们在很多经济活动中要上杠杆才可以迅速致富的原因。"上杠杆"的核心理念也正源于此。目前世界上所有行业当中，金融业是杠杆最大的行业。以商业银行为例，其资本金相对来说最低只要百分之十几的资本充足率就可以撬动 8 倍左右的总资产。因此银行的杠杆相对是放得最大的，如果再考虑银行业整体的市场规模很大，每年的净利润很高，就可以看出为什么银行的 ROE 是那么高了，这也解释了为什么那么多人削尖了脑袋也要进入金融业。

那为什么近些年政府又在着力强调要去杠杆，要结构性去杠杆呢？其实反过来看就知道了，当杠杆，也就是负债增加得越多，相应的利息支出也在增加。利息支出增加对销售净利率会有什么影响呢？这会增大成本费用，具体体现在财务费用这个环节，因此权益乘数无限制增加其实对 ROE 也有一定的负面影响，尤其是当利率上升的时候，利息支出增长如果高于企业销售净利润的增长，这相当于增加的整个收益更多地被债权人获得了，对于股东来说没有获得更多收益。因此，这样的规模扩张其实是没有必要的。当大家都忽略了这个问题而拼命扩大规模的时候，市场迟早有一天会变成供大于求，价格会急剧下跌，而价格急剧下跌的后果就是销售净利率有可能急剧下降甚至变为负数。当销售净利率急剧下降甚至变为负数的时候，原来权益乘数的杠杆就会反向作用于 ROE，杠杆越大，亏的也就越多。所以，近些年国家强调结构性去杠杆，进行供给侧改革，就是怕产能过剩的领域或行业在价格急剧下跌的时候对行业造成毁灭性的打击。

正所谓成也萧何，败也萧何。权益乘数是经济活动中的一个小恶魔，它既可以显著增强企业的实力，也可能使企业毁于一旦。

三、核心竞争力与 ROE

投资人经常会问创业者或被投资企业一个问题：你的核心竞争力

是什么？为何会问这个问题呢？因为核心竞争力是企业能够获得长期竞争优势的能力，并且是竞争对手难以模仿的技术或能力，是应对变革与激烈的外部竞争，并且取胜于竞争对手的能力。搞清楚了核心竞争力是什么，就知道未来企业持续盈利的可能性有多大。所以这是一个判断企业未来趋势的非常简洁的方法。

任何企业的核心竞争力，最终都是通过销售净利率、总资产周转率和权益乘数三个指标来体现在 ROE 上的，凡是不能有助于最终实现优质 ROE 的所谓"核心竞争力"都是虚假的。

下表简要陈列了一些被众多创业者所认为的核心竞争力，并通过其影响途径判断是否属于核心竞争力的范畴。

表 5-1

内容	影响指标	判断结果
规范化管理	净利率	不一定。如果能像海底捞那样规范和有效，短期内难以被人复制，可以算是核心竞争力，否则不是
供应商资源	净利率	不一定。如果能做到像分众传媒那样在一定期限内锁定电梯等独家资源，可以算，否则不是
销售渠道	净利率、周转率	不一定。如能做到像中石化、中石油等的加油站规模化建设和运营，能做到像燃气公司的入户供气渠道、像高速公路的独家经营等短期内难以被复制，可以算核心竞争力。有一些连锁药店也经常说自己的核心竞争力是自己广布的销售门店，其实并不一定是，因为其他药店也可以在旁边新开一家药店，所以不具备不可复制特点

（续表）

内容	影响指标	判断结果
专利权	净利率、周转率	通常是。尤其是该项专利涉及产品的核心生产工艺时，具有排他性，可以构建较高的进入壁垒，保障利润
技术能力	净利率	通常是。看看华为就知道
人力资源	三要素全影响	通常是。但前提是人力资源是对企业发展有用的人才，比如医院医护人员
特许经营权、勘探权等	净利率	不一定。特许经营权可能存在一定时期并建立一定市场的壁垒，但要看市场总体规模和可持续时间。勘探权主要看品种、储量和经济价值

四、多元化与 ROE

当销售利润率尚可、市场占有率也没有达到不可再提升的状态时，最有利的策略是继续扩大市场份额，提升周转率与权益乘数，获得更好的 ROE。

如果企业没有往这方面发展反而采取了多元化策略，这说明企业要么没有想明白未来的发展之路，要么并不喜欢目前的发展方向，要么就是盲目地多元化，这些最终体现在财务报表上并不会带来好结果。不健康的或非理性的多元化就像一个移民团到达一片新的土地，土地肥沃，面积广阔，在自己没有完全占领完这些土地的情况下却继续往前去寻找新的肥沃土地。可以预见的是现有的土地不先抢占，后续就会被新进入者抢占，而未来是否还能找到更好的土地并不确定，所以这样的"多元化"决定是不明智的。

在企业发展的早期，尤其是以机会为主的时候，适当的多元化是保持企业生存的必要选择。但是一旦企业在多元化业务板块中发现一些不错的市场，企业要做的是在现有高净利率的市场环境中抢占尽可能多的份额，同时引入尽可能多的资金做大自己的规模，从而获得最大的 ROE，直到预测不久的将来这种模式不可持续，才应该转向多元化之路。在这样的趋势（高利润率、高增长）发生显著改变之前，多元化的策略不应该被采纳。

万科在早期也曾经历过多元化再回归专业化的道路，其间还因此发生过不少故事，可谓是一个极其典型的例子。从以下根据万科集团的官网介绍整理的资料，我们可以大致看到万科从创立开始时求生存到后期为生活得更好这一路走来的战略变迁。

1983 年 5 月，深圳经济特区发展公司（以下简称深特发）下属的贸易部成立饲料科，科长王石，业务员邓奕权、黄世浩、邹赖忠、黎华、蔡素红、钟庭贤、范秋容、黄惠琴等，主要业务是为现代化养殖农业提供饲料生产原料。通过这项业务，完成了未来万科的原始资本积累。年底，深特发贸易部饲料科的全体员工，转入贸易部的科仪科，科长张西甫，副科长王石。

1984 年 5 月 30 日，"深圳现代科教仪器展销中心"（万科前身）在深圳市工商局正式注册。公司为国有性质，法人代表为王石，主营业务为自动化办公设备及专业影视器材的进口销售。

"中心"是深圳经济特区内最大的摄录像专业器材供应商。9月21日,"深圳现代科教仪器展销中心"正式对外营业,营业地址位于深圳市罗湖区建设路1号。年底,公司与北京市协和医学科学技术开发公司共同投资成立"深圳现代医学技术交流中心",主要代理进口国内医疗市场需要的诊疗设备。(业务从饲料贸易转为仪器贸易)

1985年,全国进口机电产品市场开始出现萎缩,公司抓紧市场机会多方拓展销售业务,形成了深圳本部负责调剂外汇、进口货物,广州分部负责仓储与发运货物,北京分部开展国内市场销售的"三点一线"销售模式,公司营业额一度占国家计划外市场的60%。随后国家进行宏观调控,加强外汇管理和机电产品清理,导致国内市场严重萎缩。公司紧急调整经营策略,通过大量低价出货、提升客户服务水平、加快销售回款速度等措施成功地规避了市场风险,但也付出了裁员近20%的代价。上级单位深特发投资建设"深圳发展中心大厦",公司与深特发对自有外汇资金的使用方向存在重大分歧,此事对公司以后的业务发展产生了较为深远的负面影响。

1986年,为摆脱国有企业经营管理的僵化体制,加快业务的规模化发展,公司管理层形成决议:进行股份化改造,在两年内公开发行股票。为此公司聘请深圳市中华会计事务所作为财务顾问,公司搬迁至罗湖区和平路50号。深特发科仪科改组为经营性企业"深圳新一代实业有限公司",张西甫担任总经理,王石担任副总经理。公司与香港商人张恭泰共同投资成立合资企业"深圳国际企业服务有限公司",主要业务是为境外客商来境内投资提供各项服务,包括各类展览会、展示会的展陈服务。

1987 年,公司业务模式由整机进口调整为散件引进,在国内组装销售,业务进展顺利。与日本索尼等公司建立了密切联系,并与中国仪器进出口总公司合办了"日本索尼技术服务中心深圳分站",这一过程中开始接触并学习客户服务,为未来房地产业务的物业管理服务奠定了良好的基础。6 月,公司更名为"深圳现代科仪中心"。公司同香港业界广泛开展合作项目,包括:6 月 20 日,与香港余丰公司、苏州手表厂共同投资兴办了第一个手表工业项目"深圳精时企业有限公司";9 月 20 日,与香港商人刘元生共同投资兴办了印刷制版工业项目"深圳彩视电分有限公司";9 月 26 日,与香港商人胡良利共同投资兴办了"华意(深圳)首饰制造有限公司"。11 月,公司更名为"深圳现代企业有限公司"。

1988 年 11 月 18 日,公司以 2000 万元人民币通过公开竞标的方式获得威登别墅地块,同年又与深圳市宝安县新安镇合作,投资第一个土地发展项目"深圳市宝安县新安镇固戌村皇岗岭万科工业区",从此进入房地产行业。11 月 21 日,深圳市政府批准公司的股份化改造方案,公开募集社会资金 2800 万元,上市后的公司定名为"深圳万科企业股份有限公司",股票代码 0002。

1989 年 3 月 28 日，公司上市招股顺利完成，第一届股东大会召开，由王石等 11 人组成第一届董事会。6 月，因市场突变，公司摄录像专业器材的销售业务市场萎缩。在深圳市政府支持下，公司积极推销产品，拓展市场领域，清理债权债务。工业公司效益良好，给公司创造了新的利润来源。

1990 年，公司决定向商业连锁零售、电影制片及激光影碟生产等新的领域投资，初步形成了商贸、工业、房地产和文化传播"四大支柱"的经营架构。8 月，深圳天景花园竣工，这是万科的第一个住宅房地产项目。（多元化广泛形成）

1991 年 4 月，公司提出"人才是万科的资本"的理念。8 月与香港仲盛联合投标上海古北新区，建造"西郊花园别墅"，万科进入上海房地产市场。12 月，深圳天景花园成立了中国首个业主委员会，开创了"业主自治与专业服务相结合"的物业管理新模式。年内，公司以控股方式投资了生产"怡宝"蒸馏水的龙环饮料有限公司；在深圳市罗湖区友谊城第四层兴办万佳百货商场；投资拍摄的影片《过年》荣获第 4 届东京国际电影节评委特别奖。这一年，公司确立了"综合商社"的发展模式。按照国际综合商社的业务布局调整为十大行业：进出口贸易、零售连锁商业、房地产开发、金融证券投资、文化影视制作、广告设计发布、饮料生产与销售、印刷与制版、机械加工和电气工程。（多元化进一步加剧）

1992 年 1 月，深圳市万科物业管理有限公司成立，标志着万科物业公司法人地位的正式确立。3月,公司内部文化刊物《万科周报》诞生,从第18期起获得深圳市企业内部刊号,更名为《万科周刊》,成为万科传承企业文化与塑造企业品牌的重要载体。8月,公司开发上海七宝镇万科城市花园项目,这是公司历史上第一个集居住、商业、教育、娱乐和休闲为一体的郊区大型社区。

1993年1月,公司高层在上海召开务虚会,对自1988年年底公开发行A股以来的发展进程进行了总结反思,决定放弃以"综合商社"为目标的发展模式,提出了加速资本积累、迅速形成经营规模的发展方针,并确立以城市大众住宅开发为公司主导业务。4月,公司与以渣打(亚洲)有限公司、君安证券有限公司为主组成的承销团签署公开发售4500万股B股的承销协议,每股发售价为10.53港元,共集资4.5135亿港元。B股于5月28日在深圳证券交易所上市。11月10日,公司投资3973万元人民币买入上海申华实业股份有限公司普通股135万股,占总股本的5%,双方宣布就参股经营进行合作。此事被中国证券业称为"中国首宗以善意方式通过二级市场达到参股与经营的案例"。(反思多元化,向专业化转变)

1994年3月30日,公司的B种股票总承销单位深圳君安证券有限公司联合另外四家万科大股东发出了《告万科企业股份有限公司全体股东书》,"君万之争"爆发。(注:君安证券质疑万科核心业务和竞争力)当年内,公司拥有子公司24家,涉及房地产、物业管理、商业贸易、咨询服务、影视文化、饮料食品、广告经营、印刷品设计和电分制版等行业。

1995年年初，公司对贸易口进行机构调整和资源整合，原深圳万科贸易有限公司、深圳万科协和有限公司、深圳现代企业有限公司合并为万科贸易有限公司。11月，公司开发的深圳天景花园、青岛银都花园被评为"全国物业管理优秀住宅示范小区"。

1996年5月，公司资金结算中心正式成立。该中心对于整合公司资源、提高管理效益发挥了重要作用，为万科各地公司的资金结算统一纳入集团总部奠定了基础。为整合公司工业资源，重点发展精密礼品制作，上半年公司转让深圳怡宝食品饮料有限公司股权。（多元化收缩开始）8月，工业公司进行调整，原下属精品制造公司改组为万科精品制造有限公司。10月11日，深圳万科物业管理公司通过ISO9002第三方国际认证，成为国内首家通过国际认证的物业管理公司。同年，在全国首次物业管理公开招标中一举夺魁，获得了深圳"鹿丹村"小区的物业管理权，从而打破了"谁开发，谁管理"的市场封闭局面。

1997年，公司于上半年顺利实施配股计划，共募集资金3.83亿元人民币，为深圳房地产项目开发及土地储备提供了有力的资金支持。10月，公司协议转让下属两个工业项目——深圳万科工业扬声器制造厂及深圳万科供电服务公司。（多元化收缩）11月，鉴于连锁商业业务的发展需要，公司董事会决定增持万佳百货股份，持股份额由 60% 增至 68%。

1998 年 4 月，公司调整房地产业务的投资地域，决定减持香港银都置业有限公司股份，增持深圳海神置业有限公司股份。同年 11 月，董事会决定转让公司属下深圳国际企业服务有限公司。（多元化收缩）8 月，公司推出了代表公司与客户进行有效沟通的渠道——"万客会"，被媒介誉为引发中国房地产界经营革新的重要举措。

1999 年 7 月，为进一步丰富万科品牌内涵，提高万科地产开发水平，增加项目开发科技含量，公司成立了万科建筑研究中心。12 月，公司在全国房地产行业内倡导成立"中国城市房地产开发商协作网络"（中城房网）组织，共同研究房地产城市发展战略。

2000 年 1 月，万科物业公司签约国家建设部大院办公楼、住宅楼的物业管理服务，为万科物业服务的市场化探索迈出关键的一步。2 月，与中国银行总行达成授信总额 20 亿元人民币的战略性银企合作协议，首次成为银行总行级客户。7 月，万科首批"新动力"入职。为了吸引高素质的人才，帮助快速发展的公司补充新鲜血液，公司从 1999 年年底开始，启动了第一届"新动力"校园招聘，此后从无中断。"新动力"今天已不仅是万科某个群体的称呼，而是一种内化的精神，一个激情、踏实、专注、创新的代名词。8 月及 12 月，中国华润总公司〔现华润（集团）有限公司〕先后受让深圳经济特区发展（集团）

公司及添发庆丰（常州）发展有限公司持有的万科股份，成为公司第一大股东。

2001 年，深圳万科物业管理公司获得建设部首批颁发的物业管理一级资质证书。2001 年度第二次临时股东大会通过转让万佳百货股份有限公司股权的议案和股东大会议事规则。至此，公司专业化战略调整全部完成。（多元化结束。自此以后，万科 ROE 开始步入新的增长通道）

2002 年 6 月，公司向社会公开发行 1500 万张可转换公司债券，发行总额 15 亿元。可转债的成功发行有力支持了公司的规模扩张。11 月，公司竞得佛山市南海区黄岐泌冲岗地块，由此进入深圳之外的珠江三角洲市场。（权益乘数从 2001 年的 2.01 提升到 2002 年的 2.26，通过提升权益乘数方式贡献 ROE）

2003 年 12 月，公司在怀柔国家登山队训练基地召开务虚会，确定"学习帕尔迪"，以其为标杆企业。帕尔迪是当时全美最大的住宅开发企业，保持连续 53 年盈利纪录，在跨地域经营、土地储备方式、持续盈利能力、市场占有率、客户细分及客户关系管理等诸多方面都有良好表现。年内，公司积极开拓以深圳为中心的珠江三角洲区域、以上海为中心的长江三角洲区域、以沈阳为中心的东北区域，形成深圳、上海和沈阳区域管理中心（后分别演变为南方区域本部、上海区域本部和北方区域本部。2010 年 3 月，成都区域本部成立）。（专业化成果开始显现，ROE 从 2002 年的 11.76% 提升到 2003 年的 13.42%）

2004 年 2 月，公司在深圳云海山庄召开务虚会，根据美日等先进国家的行业经验和公司发展势头，提出万科将在十年内达到千亿销售规模的目标。4 月，中山万科与国际房地产投资银行（HI）签订合作协议，由 HI 为中山万科城市风景花园项目提供总额不超过 3500 万美元的资金支持，4 月，武汉四季花城业主因附近垃圾场违规扩建，爆发大规模群诉。公司与业主坦诚沟通，与政府协商解决方案。第二年，垃圾场搬迁，原场内所有垃圾全部处理完毕。武汉垃圾场事件给万科带来了一个全新的文化和制度：红线外不利因素提示。在销售产品时，必须向客户提示项目范围内所有不利因素，以及项目红线外一公里内所有不利因素。8 月，公司在白洋淀召开季度例会，明确第三个十年中长期发展规划，决定实施"均好中加速"策略，提出未来十年，万科的战略目标是"有质量增长"，计划于 2014 年前实现 1000 亿元人民币的销售额。11 月，成都万科与新加坡主权基金 GIC 下属子公司签署合作协议，共同开发成都魅力之城项目，年内两次成功的海外融资，标志着公司开始与国际资本合作，为集团继续寻求海外资金的支持积累了经验。同年，经商务部批准，公司第一个境外融资平台——万科地产（香港）有限公司设立。（专业化再发力）

2005 年 3 月，公司董事会批准了与南都集团的战略合作协议，公司以 18.57 亿元人民币受让了南都集团下属的上海南都 70% 权益、苏州南都 49% 权益和浙江南都 20% 权益。6 月，"万科"商标被国家工商行政管理总局正式认定为驰名商标，成为中国房地产界第一个国家认定的驰名商标。8月15日，公司与东莞松山湖科技产业园区管委会签订"万科住宅产业化研究基地项目"土地协议，标志着万科住宅产业化研究基地项目进入规划设计阶段。

2006年1月18日，公司受让北京市朝阳区国资委持有的北京市朝万房地产开发中心60%的股权，是公司环渤海区域战略布局的重要一步。同年3月，公司联手中信资本，设立中信·万科中国房地产开发基金，这是第一个专门投资于万科项目的美元基金。公司以万科集团的名义，在建设部取得房地产一级开发资质。

2007年1月，万科成立"集团装修房推进小组"，自此万科在全国所进入城市开始有节奏地推行"装修房"战略。至2010年年底，万科主流住宅已全部实现装修后交房，2012年、2013年每年交付装修房超过10万套。4月，万科地产（香港）首次在境外组建2.5亿美元银团贷款，成功建立了公司在香港银行间市场的口碑；7月，与新加坡嘉德置地签署战略合作协议，进行商业领域的合作。5月9日，万科下属"物业管理有限公司"统一更名为"物业服务有限公司"。10月29日，万科启用新标志，并将企业核心理念总结为"让建筑赞美生命"。（相比2003年，销售净利率和权益乘数均有显著提升，最终ROE提升明显，达到21.92%）

2008 年 5 月，汶川地震发生后，公司捐助 1 亿元人民币，并派出人力、物力参与震区救援与重建；5 月 15 日，公司成立由员工组成的群众性义工团体"我们在一起"关爱小组，及时跟进并了解受地震灾害影响的万科员工及其家庭的情况；给受灾员工和家庭以精神上的慰藉、心理上的疏导以及经济上的支持；当年 12 月 31 日，重建后的遵道学校投入使用，这是震后全国第一所重建入学的永久性学校。7 月，公司特别规划设计的"万汇楼"建筑被广东省建设厅列为"广东省企业投资面向低收入群体租赁住房试点项目"。9 月，万科公益基金会成立，宗旨为"倡导公益与志愿精神，推动中国公益事业发展"。（当年全球金融危机从美国率先爆发，ROE 急降到 13.19%，主要是周转率和销售净利率快速下调所致）

2009 年 1 月 8 日，万科成为全国首批也是唯一一家被国家税务总局认定为"总局定点联系企业"的房地产企业。同年，公司第一次公开发布《万科企业社会责任绿皮书暨 2007 年企业公民报告》。

2010 年 4 月 19 日，上海世博会万科馆等五个广东省的展馆在上海世博园区内举行集体剪彩仪式。5 月 1 日，万科馆迎来第一批游客。12 月 1 日，公司销售额突破 1000 亿元人民币，提前实现了 2004 年制定的千亿目标，成为国内首家年销售额超过千亿的房地产公司。（ROE 回升到 17.85%，主要是销售净利率和权益乘数大幅提升所致）

2011 年 12 月 6 日，《万科客户服务 6+2 步法》获得国家版权局颁发的著作权登记书。

2012 年 2 月 16 日，安信地板事件爆发，公司本着负责任的态度，采取公开、透明的方式积极推进事件调查，赢得了行业、客户、公众的认同，一场信任危机很快得到解决。2 月 29 日，首家"幸福驿站"在广州万科蓝山花园开业，涉及邮包、租售、代办、家政、便民服务等业务，标志着"平台"雏形的出现及"幸福社区计划"正式开始落地实施；6 月 22 日，首家"第五食堂"在深圳万科城开张营业；9 月 2 日，"万物仓"业务在南京金色家园小区启动。7 月，万科完成收购香港上市公司南联地产控股有限公司 75% 股权，并在同年内将其更名为万科置业（海外）有限公司。自此，万科旗下拥有了一家香港上市公司，成为拓展海外业务的重要平台。11 月 26 日，公司香港管理部在香港中银大厦 55 层举行开业仪式。

2013 年 1 月 21 日，2015 年米兰世博会暨中国参展推介会在北京举行，万科成为首个走出国门以自建馆形式参展世博会的中国企业。1 月，与香港新世界联手，投中香港荃湾西六区项目，这是万科在香港的第一个开发项目；4 月，万科与新加坡吉宝置业签署战略合作协议，开发林曦阁住宅项目，进入新加坡市场；6 月，万科在美国的第一个项目——旧金山富升街 201 号地块奠基，合作方是铁狮门。6 月 28 日，万科物业荣获"2013 中国物业服务百强企业"第一名、"2013 中国物业服务百强企业服务规模 TOP10"。6 月 20 日，万科物业社区一卡通系统正式上线。万科业主专属 APP"住这儿"及万科物业员工 APP"乐帮"上线公测，同日，CRM 系统、呼叫中心 4009-51-51-51 上线。10 月 12 日，公司召开秋季例会，确立了贯彻"均好中提效"是贯穿未来十年的业务方针，并提出了"城市配套服务商"的转型目标。〔至此阶段销售净利率开始下滑，ROE 主要靠权益乘数激增（增长到 6.1）贡献，本年 ROE 达到阶段性最高的 21.49%，万科收割了从 2003 年至 2013 年中国房地产市场的"黄金十年"，转型再次开始〕3 月，公司获得全球三大评级机构标普、穆迪和惠誉分别给予万科"BBB+"，"Baa2"和"BBB+"的长期企业信用评级，展望稳定，为当时中国房地产企业获得的最高国际信用评级。同时，完成首次境外 8 亿美元 5 年期债券发行，年利率 2.755%，创国内房地产企业境外发债成本新低。7 月，设立 20 亿美元中期票据计划，多币种、多期限，境外融资方式更灵活。年内，万科商业项目集中开业，如北京金隅万科广场、深圳龙岗万科广场、苏州美好广场、东莞松湖生活中心、沈阳浑河天地生活中心等。

2014 年 4 月 23 日，公司召开事业合伙人创始大会，事业合伙人机制将会彻底改变万科现有的管理方式，面向未来解决发展问题，并更好地实现利益分享。6 月 25 日，公司完成 B 股转 H 股，在香港联交所挂牌上市。（当期 ROE 从 2013 年的 21.49% 下降到 19.08%，销售净利率、权益乘数和总资产周转率同时呈现下降。这种三因素同时下降的情况自 1993 年以来至 2013 年只发生过一次，就是 1994 年"君万之争"的时候。与此同期万科的股价表现和 1996 年相似，均处于历史低位，PE 倍数都降到了 5—6 之间，PE 估值如下图所示。按本书的投资逻辑，万科此时确实呈现出了良好的投资机会。估值是自 1996 年至今整 18 年以来最低，而 ROE 却仍能保持在 19% 以上，是十分难得的投资标的）

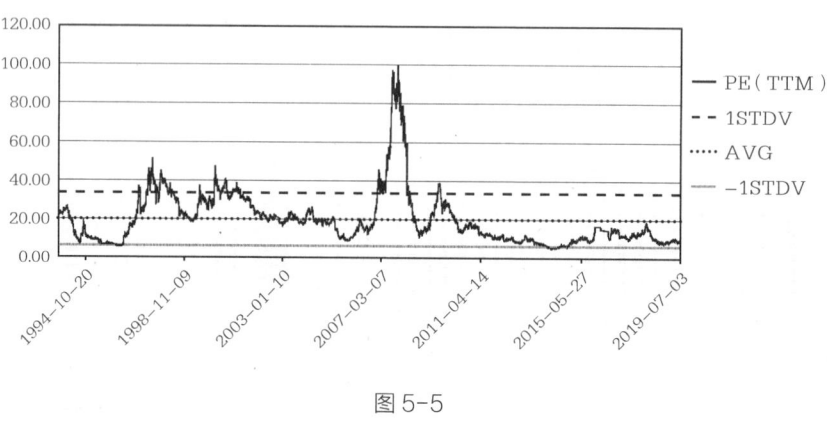

图 5-5

2015 年 5 月 1 日至 10 月 31 日，万科世博馆亮相于意大利米兰世博会。万科馆以"盘龙"形象讲述中国人的"食堂"，向世界展示中国博大精深的饮食文化和万科对于现代社会文化和邻里关系的思考。在万科馆开幕式上，公司发布了新一代企业标识。8 月 20 日，万科物业成立 25 周年之际，正式启用了新的企业标识，展现自身"更新、更好"的创新追求。万科物业还同步发布了睿服务 2.0 产品，将新技术应用与物业管理深度融合。11 月 13 日，万科事业合伙人机制因企业制度创新，获深圳市"金鹏改革创新奖"。

2016 年 7 月 20 日，《财富》"世界 500 强"企业排行榜出炉，万科凭借 2015 年度 1843.18 亿元人民币（293.29 亿美元）的营收首次跻身《财富》"世界 500 强"，位列榜单第 356 位。

2017 年深圳地铁集团成为公司基石股东，表示将支持公司混合所有制结构和事业合伙人机制，支持公司城市配套服务商战略，支持公司稳定健康发展。公司和深圳地铁集团将充分发挥各自优势，共同推进实施"轨道＋物业"发展战略，全面提升城市配套服务能力，助推城市经济发展。7 月 20 日，《财富》"世界 500 强"企业排行榜出炉，万科继续跻身《财富》"世界 500 强"，位列榜单第 307 位。（ROE 及三项构成指标全面回升）

以上资料来源于万科集团官网

从上述万科历年的主要事项介绍资料中，我们可以看到，万科结束多元化的战略在 2001 年调整完成后，自 2002 年开始至今，除了 2008 年全球金融危机期间受外部因素显著影响外，公司 ROE 整体还是呈现了较高的表现水平，且主要贡献因素是销售净利率和权益乘数的贡献。

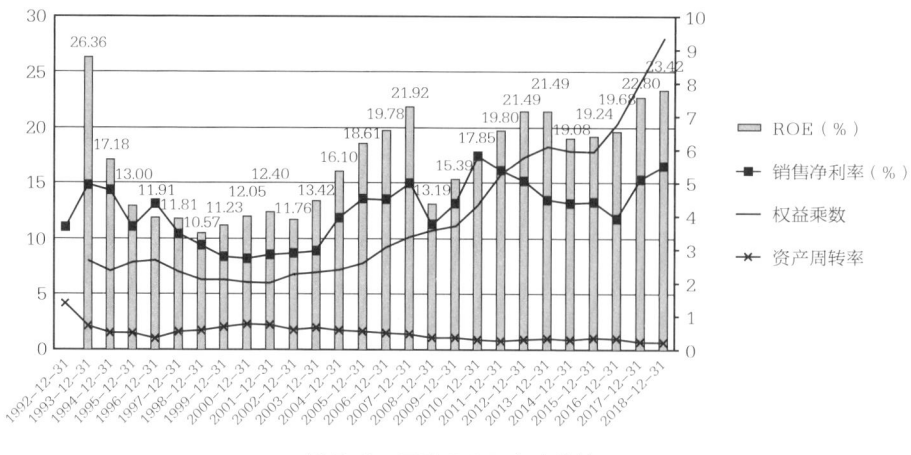

图 5-6　万科 ROE 变动统计

上述实例佐证了本书所阐述的"当销售利润率尚可、市场占有率也没有达到不可再提升的状态时，最有利的策略是继续扩大市场份额，提升周转率与权益乘数，获得更好的 ROE"的论断。

第六章

销售净利率

上一章讲述了判断项目收益可以从观测 IRR 转化到观测 ROE 指标，并且对 ROE 指标进行了进一步的分解，最终落脚在销售净利率、总资产周转率和权益乘数三个明细观测指标上。

本章我们将进一步对销售净利率进行拆分，讲述销售净利率的构成和观测方法。观察销售净利率的目的有两个：

一是判断现状水平的高低，从而判断被投资企业所处市场的需求迫切与否。

二是判断未来的发展趋势，从而判断是否有助于提升现在的 ROE。如果提升的概率很大，则收益就能保障；如果提升的概率很小，则收益持续上行的可能性就很小。

一、销售净利率的影响因素

如果我们要持续关注企业后续每一年的 ROE 及其变动情况和趋势，那我们就需要对每一个影响因素的趋势进行分析和研究，而不仅仅是局限于被投资企业历史上的 ROE 情况。

销售净利率是由税后净利润除以销售收入计算而得，而税后净利润可以看作是销售量乘以单位产品净利润计算而得，销售收入可以看作是销售量乘以单位产品销售价格计算而得，如果把销售量这个相同的公约数约掉，那销售净利率就变成了单位净利润除以单位售价，而单位净利润是单位售价减去单位成本费用再减去税计算得到的。

$$销售净利率 = \frac{税后净利润}{销售收入} = \frac{销售量 \times 单位产品净利润}{销售量 \times 单位产品销售价格} = \frac{单位净利润}{单位售价}$$

$$= \frac{单位售价 - 单位成本 - 单位费用 - 税}{单位售价} = 1 - \frac{单位成本 + 单位费用 + 税}{单位售价}$$

这样销售净利率的影响因子就找到了，由销售价格、单位成本费用和税决定。

1. 税

1.1 内部因素

税收由行业发展现状和国家政策决定，在一定时间内是具有相对稳定性的，而且对于所有的行业内企业具有普遍适用性，对于同一行业内相同或类似企业也具有同一普遍适用性，属于一个系统性的观测指标，对各个企业来说差异不大，也不是构成企业核心竞争能力的因素之一。这个道理其实也很容易理解，比如国家决定对某个企业所在行业的同类型企业实施减税政策，那么除了这个企业，它的同类竞争对手也同样享受这个税收优惠，因此这个企业并不会因为税收减免而得到竞争上的任何优势。当然了，比起其他没有获得减税政策的行业或企业多多少少还是有一些优势的，虽然对于我们分析这个企业自身的增长动能和投资回报会有一定的帮助，但并不是决定性因素。

对于税这个影响销售净利率的因素，企业的主观能动性可以怎样体现呢？这主要体现在税务筹划和财务管理当中。我们在第三章关于财务负责人的考核要点中，第一条就强调了其要对企业进行合理的财务、销售、生产安排，以减少或延迟税的支出，因此，与同业对比，一个企业的税负如何，可以判断一个企业财务负责人在税务统筹方面做得如何。一些高税负行业财务负责人的税务筹划能力是影响企业销售净利率的一个重要因素，不可小觑。

1.2 财政政策

虽然在短期内企业的税率是保持稳定的，但是不排除在经济萎缩的情况下政府的宏观调控会再度被启用，积极的财政政策有可能是一个选择的工具，其中减税就是政策工具箱中的一个。在经济过热的时候，消极的财政政策也可能被采纳，调整增加税收也可能是一个选择，虽然这种调高税率的情况极少发生。

2. 单位成本费用

单位成本费用的构成要素包括原材料费用、人工费用、场地租赁费用、机械租赁费用、水电费用、折旧摊销、其他制造费用、管理费用、财务费用、销售费用等。

单位成本费用既是一个经济学问题，也是一个管理问题。

我们先不考虑管理团队、经营班子对单位成本费用的管理优化这种情况，从经济学角度出发，就会发现单位成本费用是与原材料费用、人工费用等成本构成要素的采购价格或者成本密切相关的。如果原材料价格上涨了，毫无疑问成本费用一定会上涨。房租、机械设备租赁费、水电费、燃气费、人工费等这些与原材料类似的价格影响因素都可以划归为具有经济问题属性的指标。

同时，通过优化管理能够减少管理费用和销售费用的开销，通过合理的资金筹措可以减少财务费用的开销和单位产品的人工消耗量，通过对管理和生产工艺流程的优化可以减少厂房使用面积，从而降低房租支出，通过优化工艺流程或者创新工艺方法可以减少机械设备能耗。所以，成本费用问题往往也是一个管理问题，极大地考验着管理团队的专业能力、管理能力和创新能力。

为什么要对这些影响因素进行两个角度的区分呢？因为这对我们后续的分析研究从方法论上会有完全不同的适用体系。对具有经济学属性的指标，我们更多的是从经济学角度进行分析和预测，从供求角度进行研究，关注的是企业外部的情况和市场的情况；而对具有管理学属性的指标，我们更多的是从经营团队和企业本身的内部情况着手进行研究，更多的是从管理角度对管理团队是否匹配投资目标，是否能够达成投资目的进行判断。就管理学问题进行研究既是科学，也是艺术，更是哲学，采用的方法论就不再局限于传统的定量分析，而更多的是从社会学、管理学、哲学等角度进行研究。

看明白了这个问题，大家也许就会对一个现象恍然大悟，那就是郭广昌是学哲学的，熊晓鸽是学英语的，马云也是学英语的，为什么这些不是学金融、投资的人做企业投资却可以获得如此成功。他们也许不太具有经济学的深厚理论功底，但无一例外他们都对人性有深刻的洞察，而洞察人性本身就是对一个管理团队最深刻的理解，是对行为逻辑以及行为趋势的最深刻掌握。这些往往是决定一个企业能否成功，能否基业长青的基础。

一个企业也许因为一个产品一时的创新而满足了市场的需求，能够短时间内存活和挣钱，但是面对后续逐渐兴起的市场竞争，是否能够长期屹立于不败之地，则对企业的管理能力和持续经营能力提出了要求。要想持续经营，控制单位成本费用的能力就变成了一个最基础不过的核心能力。将目标企业的成本费用水平与同行业进行对比分析，是投资人对企业管理效果的判断方法之一。

3. 销售价格

在讲完单位成本费用的经济学属性和管理学属性后，我想朋友们大概能够理解什么叫作销售价格的经济学属性和管理学属性。对于产品销售价格的经济学属性来讲，它是由市场供求决定的。我们要研究产品价格的走向就要研究市场的需求和供应。研究市场的需求就要去研究市场的需求函数，从而预测在未来一段或相当长时间内产品的市场需求情况和趋势，同时再考虑到整个市场的供应情况，从而得出市场未来的价格走向。这就是销售价格的经济学属性。

在说完销售价格的经济学属性之后，我们再来说一下它的管理学属性。销售价格的管理学属性指的是通过管理活动或者管理能力来提高产品的销售价格。比如我们通过创新研究出新的产品，在市场上具有创新优势，没有同类竞争者，那自然可以获得比较高的销售定价；

再比如我们获得了一个研究发明专利，可以在市场上进行垄断销售，那我们同样也可以获取相应的创造发明的价格溢价；再比如我们通过提高产品的售后服务和营销体验，提供差异化的产品或者具有更高性价比的产品，从而得到市场的认可，获得更高的销售溢价。这些都是通过管理能力能够实现的，而非由单纯的市场供求决定。这个管理学属性的内涵又与管理团队的专业能力、创新能力等密切相关。

二、销售价格的现状和未来

要弄清楚销售价格的现状，不仅要弄清楚价格在现在时点的水平，而且要弄清楚价格的历史走势。只有对价格的历来走势了如指掌，才能深入去寻找价格波动可能的深层次原因，才有可能找到价格波动的规律，从而对价格的未来趋势进行预测。

1. 价格的决定因素和现状

说到价格的决定因素，我们就要回到最基本的经济学原理——供求决定价格。

1.1 需求

假如我们的目标公司主营业务是生产和销售手机，那我们首先就要搞清楚手机的需求量有多大，然后以需求量乘以价格就可得出手机的市场规模。

需求量是个动态且模糊的概念。我们通常说的需求是指某个时间段的市场需求总量，是一个大概的数据，不是一个精确到个位数的精准数据。从最简单的供求决定价格的经济学模型也可以看到，市场需求量跟价格相关，我们不可能割裂了价格而单独去估算需求量。我们通常是在现有市场价格的基准上，假设价格不会随意变化，来计算市场需求量。

比如手机，在不考虑价格变化的情况下，中国有多少人需要用手机呢？

手机作为人最基本的需求工具之一，大部分人是需要的，但大部分人究竟是哪些人呢？男的女的？老的少的？手机跟性别关系不大，但跟年纪可能有关系。对于手机，卧病在床的失能老人应该不会有需求，他们的需求集中在生存需求或者关爱需求；婴儿肯定也不会有需求，婴儿的需求还集中在最基本的生存需求。儿童从几岁开始有手机的需求呢？儿童在能够自主活动和掌控一些事物的时候，就可能开始对手机有需求了。那年纪大到什么岁数以上就不需要了呢？这个也不一定有严格的岁数划分，有些人六七十岁身体功能就退化了，有些人可能 100 岁了还非常健康，依然有使用手机的需求。这些人群都是手机市场需求的构成之一。

所以这时候我们就要增加新的区分因素，针对人的需求来分析。大家可以参考马斯洛需求层次理论来分析。

针对个人需求的研究分析可以从马斯洛需求层次理论着手，但并不是说这个模型适用于所有需求分析，因为很多需求并不是直接基于人，而是基于其他场景。比如一个企业生产的产品是手机摄像头，那它的需求量就是由下游采购商决定的，下游采购商确定采购摄像头的数量和手机生产量之间有一定关系，但和手机需求量之间的关系却不

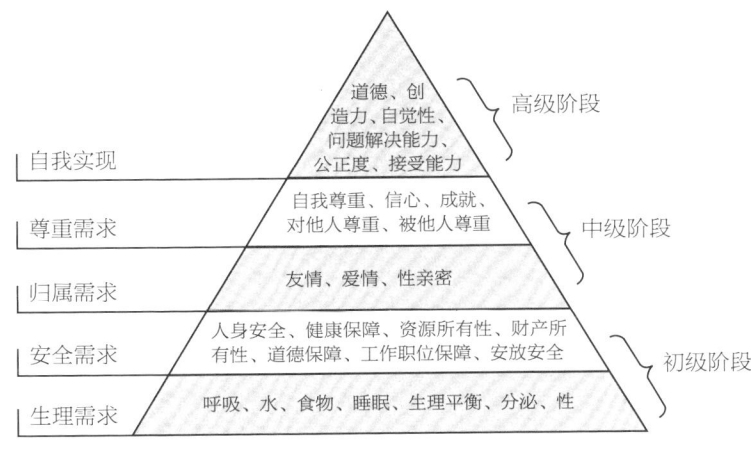

图 6-1　马斯洛需求层次理论

太确定。直接将手机摄像头的产量和手机需求量挂钩，就脱离了中间产业环节之间更紧密的定量分析关系，反而不太准确。再比如汽车刹车片的生产厂商要计算刹车片的需求量就更适合通过汽车整车厂生产的汽车数量进行预测和挂钩，不适合直接跟汽车的需求量挂钩。这些就是基于产业链条中某一个产品需求量进行预测和直接以人为需求量进行预测的方法差异。当然，也正是因为这个原因，市场中出现了存货周期（详见第九章）。

言归正传，我们再举以人为需求量预测基础的例子。手机的需求范围为什么那么大？这跟手机的需求层次是密切相关的。从马斯洛需求层次理论我们可以看到，手机需求其实属于安全需求的范畴，现代社会人身安全与手机密切相关。我们从滴滴打车出现的一些命案就可以知道，在碰到一些紧急情况时，手机对人身安全是多么重要。手机同时也属于归属需求的范畴，手机诞生是基于通信的需要，属于亲情、友情、爱情的延展范围。手机有时候也属于尊重需求的范畴，可以给人一种身份地位的象征，满足了被他人尊重的心理（曾经被称为土豪金的 8848 手机就是为了满足一些所谓的成功人士的自我实现需求）。这同时也是一种自我实现的需求。所以手机基于生理需求以外的四个需求层次都有涉及，这就是为什么手机的需求范围这么广的原因。

当我们挖掘了各种影响手机需求的因素之后，我们可以筛选出一些主要的影响因素，甚至可以用公式来预测整个手机行业的需求量：手机需求量 = 适龄人口 × 人均 1 台，适龄人口 = 全国 10—65 岁之间人口总数 ×0.8（以上公式为未经检验的假设公式，只为方便举例使用）。这个计算过程其实就是把经济学供求理论中的需求影响因素总结出来，再对主要需求人群做一些关于价格变动与购买意愿之间的市场调查、汇总统计，从而搞清楚需求量与价格的关系，形成一个多变量的价格需求函数；然后再用历史数据对这些假设进行检验，看假设的需求函数是否比较匹配。这个计算过程所使用的就是统计学中的回归分析方法。

有了需求总量就可以计算出市场潜在的总规模，但市场总规模是不是我们企业自己都可以占有的呢？并不是。假如市场上有 100 亿的总规模，有很多生产企业和销售企业，在所有这些企业当中我们只占了市场的 10% 或者更多，这时候就涉及一个市场占有率。还是以手机为例，手机还细分出不同的种类，比如功能机、智能机、老年机、儿童通话手环等，不同的功能对应不同的需求，不同的需求对应不同的市场，不同的市场又对应不同的需求量。我们要关注的就是我们企业在这个细分市场里的市场占有率。这个市场占有率才是这个企业本身在市场当中的真正规模。

1.2 供给

价格由需求和供给决定，我们前面只分析了需求的情况，现在分析供给的情况。从本质上来讲，被投资企业都属于行业中的供给方而非需求方。因此，对于供给方的研究就有必要进一步将其转化为对被投资企业的竞争者或者潜在竞争者的研究。

因此投资人往往需要关注以下内容：市场上生产同类产品和替代产品的供应厂商有哪些，产量是多少，产能是多少？目前生产能力是否已经达到了设计产能？生产量是否达到或超过了需求总量，或者是否超过了局部细分的市场需求量？如果超过了，毫无疑问是供大于求，那价格走势就会往下；如果生产量还没有达到需求总量，那就会有新的生产行为发生，既有可能是现有供应企业增加产量，也可能是新的竞争者进入行业。对于可能存在的新进入行业内的竞争者，其进入行业的壁垒和障碍是否存在？是什么壁垒和障碍？他们进入的可能性是否很大？

对于供给的研究只有一个目的，那就是判断未来供应量在已知和未知的各种可能的因素综合影响下是否还会增加，是显著增加（对于没有任何进入壁垒或者产能过剩的行业就存在显著增加供应的情况，此种情况即供给弹性大的情况）还是缓慢增加（对于存在进入壁垒或产能不够的行业就存在供应增加缓慢的情况，此种情况即供给弹性小的情况）。

1.3 价格的现状

价格的现状包括历史上和现在企业产品或服务的价格，是非常有必要弄清楚的问题。在后续关于价格未来趋势的判断过程中，历史的价格和现在的价格是一个用作比较的基准，既是与其他竞争者横向比较的基准，也是与自身纵向比较的基准。

价格的现状只是一个客观存在的历史事实，不存在合理不合理的问题。

2. 价格的未来趋势

2.1 内生趋势

搞清楚了需求和供给的现状以后，我们就要去分析需求和供给的未来趋势，只有掌握了二者的未来趋势才能判断未来的价格。对价格未来趋势的判断要从两点着手：一是判断未来需求的趋势，二是判断未来供应的趋势。

根据不同的需求变化和供给变化，可能的价格走势如下表所示：

表 6-1

供需情况		价格走势
需求不变	供应不变	价格稳定
	供应减少	价格上升
	供应增加	价格下降
需求增加	供应不变	价格上升
	供应减少	价格显著上升
	供应增加	价格震荡后趋于稳定
需求减少	供应不变	价格下降
	供应减少	价格震荡后趋于稳定
	供应增加	价格显著下降

还是以手机为例。假如上文提及整个中国手机需求量说的是现在的情况，那将来的情况是怎样的呢？未来手机需求量和人口数量之间的关系还是不是我们现在这个函数关系呢？如果未来一段时间内人口的数量是增长的，目标客户人群的数量也是增长的，而且届时人们使用手机的偏好没有改变，那我们相信未来手机的需求量有很大可能是增加的。如果市场上相应的生产和供给能力没有发生变化，那可以预测手机的价格会上升。因此我们甚至只需要判断趋势，不需要定量化地去研究，就可以快速地对拟投资项目未来的销售净利率变化趋势做出判断。

说到这里，我们要特别强调一下，市场营销学这门课里面所提及的关于市场分析的一些理论对我们分析未来的价格趋势是非常有帮助的，大家可以重新学习一下这门课程中提到的各种分析方法和模型。比如对市场状态的划分，是垄断市场、寡头市场、垄断竞争市场还是完全竞争市场，每一种市场类型对应不同的特点，不同的特点对企业后续的盈利预测也会有不同的影响。

股权投资项目追求的独角兽类型就是要去寻找具有独特性、高成长性、未来垄断性、寡头垄断性的产品，这些产品的核心竞争要素体现在创新、专利、特许经营、技术壁垒等方面。这就是为什么很多投资机构在投资一个项目时会问这个项目有没有进入门槛，核心竞争力是什么，未来的发展趋势是什么，产品迭代周期是多长，等等，这些其实都是围绕着价格的判断，而围绕着价格的判断是销售净利率的核心分析要素之一。

2.2 宏观调控

一个让人非常容易遗漏的分析要素就是宏观调控：大家往往集中关注经济体内部自身发展规律，而忽略了站在宏观调控的角度去判断一个项目未来的发展趋势。在经济平稳发展、没有处在衰退期的时候，宏观调控往往不会发生，但是当整体经济处于衰退期，宏观调控就是有必要的。此时政府的选择往往集中在财政政策和货币政策两个方面。财政政策可供选择的经济刺激工具往往集中在增加政府购买支出、增加政府投资性支出、减税等。货币政策可选择的经济刺激工具往往集中在积极的货币政策，通过增加货币供给、降低利率等来刺激消费和投资。

如果被投资企业所在的行业和提供的产品属于政府增加购买性支出或投资性支出的需求品，则被投资企业可能是能够撑过经济衰退期的。就像在 2008 年全球经济衰退时，中国政府进行了大量的基础设施建设投资，相应的建材、建筑等就业人口众多的行业得以进一步发展。

三、成本的现状和未来

1. ABC 分类法

要快速地判断产品未来的成本趋势，有一个管理学中常用的方法，即 ABC 分类法（重点管理法）。该方法最早被运用于库存管理方面，后来在项目管理中也普遍被采用，以至于后来在各类成本管理或需要迅速寻找重点管理对象的时候都会被借鉴。

在库存管理中，把存货按价值大小分为 ABC 三类：

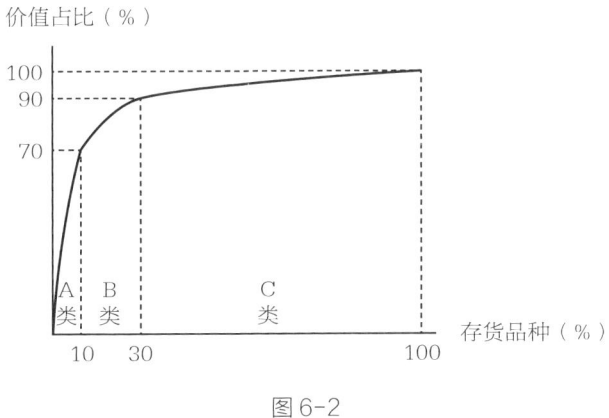

图6-2

A 类是少数价值高且最重要的存货，品种少但单位价值高，这类存货的品种数大约只占全部存货总品种数的 10%，但一定时间内出库的金额却大约要占到全部存货出库总额的 70%，这类属于重点管理的内容。

C 类是为数众多的低值存货，品种数大约要占到全部存货总品种数的 70%，一定时间内出库的金额大约只占全部存货出库总额的 10%，这类属于不用花太多精力去管理的内容。

B 类存货在 A 类和 C 类之间，品种数和出库金额大约都只占全部存货总数的 20%。

成本管理也是一样的道理，在任何产品或服务的成本构成中，也存在 ABC 类的成本元素分类。作为一个在企业专门做成本管理的人员，需要清楚地知道产品的每一项成本构成；对于企业的管理者来说，至少需要知道 AB 类的成本元素；对于投资人来说，只需要迅速抓到

A 类元素的构成情况，并结合 A 类要素自身的供求市场来判断，就可以知道成本的外部趋势。光有对外部趋势的判断还不够，还要对成本的现状有所了解，才能知道成本是否还有优化的空间。在既了解企业产品的售价趋势，又了解企业产品的成本趋势之后，对未来销售净利率的趋势判断就变得简单明了了。

2. 成本的现状

2.1 外在表象

任何一个企业的管理者都应该对自己企业提供的产品或服务的成本结构有深入的了解，能够随时随地地说出至少 A 类和 B 类的成本元素。

我们以上文所述的 ABC 分类法举例，来迅速获得被投资企业产品的成本情况。假设某一家被投资企业主要生产某一规格的成品玻璃幕墙，其每平方米的成本构成和统计情况如下表所示：

表 6-2　某玻璃幕墙产品单位成本分析表

成本构成	项目名称	单位	用量	单价（元）	成本（元）	占比
人工成本	人工	工日	2.17	150.00	325.11	30.45%
材料成本	6（Low-E）+12A+6 钢化中空玻璃	平方米	1.12	199.22	223.73	20.95%
	结构胶	升	0.52	74.71	38.59	3.61%
	耐候胶	升	0.15	37.35	5.45	0.51%
	镀锌薄钢板	平方米	0.26	75.18	19.42	1.82%

（续表）

成本构成	项目名称	单位	用量	单价（元）	成本（元）	占比
材料成本	双面胶纸	米	4.10	1.94	7.96	0.75%
	泡沫条	米	2.79	1.08	3.02	0.28%
	其他材料费	元	1.04	1.16	1.21	0.11%
	平开手动五金件	台	0.39	249.03	97.88	9.17%
	自攻螺钉	百个	0.20	3.11	0.63	0.06%
	不锈钢六角带帽螺栓	套	1.18	2.49	2.94	0.27%
	铝合金型材	吨	0.01	26147.87	293.64	27.50%
	岩棉板	平方米	0.12	16.12	1.99	0.19%
	不锈钢六角带帽螺栓	套	1.18	1.49	1.76	0.16%
	铁件	平方米	1.81	7.23	13.08	1.22%
	玻璃胶	支	1.03	13.70	14.15	1.33%
制作成本	双头气割机	台班	0.03	118.31	3.99	0.37%
	联合冲剪机	台班	0.01	74.41	0.84	0.08%
	台式钻床	台班	0.01	7.02	0.08	0.01%
	双组分注胶机	台班	0.01	1103.86	12.40	1.16%
合计		元			1067.87	100.00%

我们将上述成本分析表稍微做一下调整，按 ABC 分类法进行分类，就会发现，该产品最核心的 A 类成本要素（占比 78.90%）其实是人工成本、铝合金型材成本，以及 6（Low-E）+12A+6 钢化中空玻璃的成本，该产品的 B 类成本要素（占比 12.78%）其实是五金件和结构胶，其余的众多成本都是 C 类要素。

表 6-3　ABC 成本分类表

项目名称	成本（元）	单项占比	累计占比	分类
人工	325.11	30.45%	30.45%	A
铝合金型材	293.64	27.50%	57.95%	A
6（Low-E）+12A+6钢化中空玻璃	223.73	20.95%	78.90%	A
平开手动五金件	97.88	9.17%	88.07%	B
结构胶	38.59	3.61%	91.68%	B
镀锌薄钢板	19.42	1.82%	93.50%	C
玻璃胶	14.15	1.33%	94.83%	C
铁件	13.08	1.22%	96.05%	C
双组分注胶机	12.40	1.16%	97.21%	C
双面胶纸	7.96	0.75%	97.96%	C
耐候胶	5.45	0.51%	98.47%	C
双头气割机	3.99	0.37%	98.84%	C
泡沫条	3.02	0.28%	99.12%	C
不锈钢六角带帽螺栓	2.94	0.27%	99.39%	C
岩棉板	1.99	0.19%	99.58%	C
不锈钢六角带帽螺栓	1.76	0.16%	99.74%	C
其他材料费	1.21	0.11%	99.85%	C
联合冲剪机	0.84	0.08%	99.93%	C
自攻螺钉	0.63	0.06%	99.99%	C
台式钻床	0.08	0.01%	100.00%	C
合计	1067.87	100.00%	100.00%	

任何一个企业的产品或服务的成本也可以按上述例子进行统计和划分，同样可以用最短的时间找到核心的成本要素。

2.2 内在逻辑

上表反映出来的被投资企业产品成本是一个客观的现状，是一个事实存在的表象，但是这并不代表产品成本的构成今后就一成不变。

那决定成本的内在逻辑究竟是什么呢？成本变化的规律何在？

（1）生产工艺

还以上述玻璃幕墙产品的成本构成为例，这个构成其实是基于一个没有披露的情况，即该企业采用某一种生产工艺来制作这种产品。企业正是基于该工艺过程来统计生产定额，才得出其成本的构成。这是决定成本的第一个，也是最重要的内在因素——生产工艺。

（2）管理水平

假设所有企业采用的都是该种工艺，那是否每一家企业的成本就一样了呢？我们再看一下玻璃幕墙产品成本分析表就可以发现，其实总体成本中的单一成本构成，还与具体成本因素的用量有关，比如每生产 1 平方米的玻璃幕墙需要使用 2.17 工日的人工和 1.12 平方米的 6（Low-E）+12A+6 钢化中空玻璃。不同的企业，由于管理水平、设计水平的差异，在用量上也很有可能会存在显著的差异。这是决定成本的第二个重要因素——管理水平。

（3）其他因素

假设所有的企业都采用了相同的生产工艺，都具有相同的管理水平（用量相同），那是否就意味着所有企业的成本都一样了呢？未必！我们来看玻璃幕墙产品成本分析表就还会发现，单一成本构成除了和用量有关，还和单一成本要素各自的价格有关。比如 A 类要素中人工的价格，对于人工的价格，由于工资具有黏性，一般都是呈现出上涨的规律和趋势。比如 A 类要素中铝合金型材的价格，对于铝合金型材，由于材料是外部采购，那就涉及采购价格的问题，采购价格由几个核心要素决定：外部市场价格走向（与外部市场供求相关）；采购企业采购量大小和稳定性（与被投资企业销售量相关）；采购企业付款条件（与被投资企业资金情况相关，这又与其所处行业地位和话语权相关）；采购企业采购制度和人员廉洁程度（与企业内部管理和治理理念相关）。

上述三大因素就是决定成本的内在逻辑，掌握了这个内在逻辑，我们就能对被投资企业成本未来的变化趋势做出预测。

3. 成本的未来

从上文决定成本的内在逻辑因素出发，我们大致知道了成本的影响因素主要由生产工艺、管理水平和具体成本要素的外在市场等众多因素构成，下面我们就其中的内容逐项进行观测和判断，找出未来成本总体变化的趋势。

在此我们要注意的是，我们预测和判断的是成本中长期的变化趋势，而不是短期的变化趋势，因为投资人退出的时间不是投资完成后的几个月，至少都要一两年或者更长时间。所以关注销售净利率的未来变化趋势也应该是中长期的，这样一来对成本的观测周期也变成了中长期。

3.1 工艺的未来

某一个产品的生产工艺是一个在当时的一定时期内采取的相对较

优的方案，但是随着产品和行业的发展，生产工艺不可避免地要发生调整。曾经中国市场上的木地板生产工艺主要是实木地板全手工生产工艺，后来随着需求的增加，客户对不同品质的木地板呈现出巨大的需求，随后木地板的生产工艺开始出现机械化加工的改进，以前上漆以后晒干的方式也变成烤干，以前人工贴膜的方式变成了机械压膜等。工艺的发展既受制于经济因素，有时候也受制于其他行业的发展水平。比如造船业，大排水量船只的建造离不开龙门吊，龙门吊的发展就制约着船只建造的水平。

我们观察被投企业产品所处生命周期的阶段是一个最便捷的方法，在产品或者行业的导入期和成长期，生产工艺是有可能会迅速变化的，而且越来越倾向于向低成本高效率的方向变化，这是企业适应竞争的必然选择。如果还要再简单一点判断，那3—5年之内产品工艺是否有改变的可能，是投资人必须询问和调查的问题。

在上述玻璃幕墙的案例中，玻璃幕墙产品已经处于成熟期阶段，且由于其生产流程简单，目前已经采用了大部分机械化加工配合人工收尾的方式生产，因此在可以预见的短期时间内，生产工艺变化的可能性是比较小的，而由生产工艺变化导致的成本变化的可能性也较小。

3.2 管理的未来

对成本而言，管理的未来无非就是能否通过对管理的优化来降低成本，其中最主要的是能否降低成本元素的使用量，比如人工、材料等。

管理对成本影响的核心在于提高劳动生产效率，提高材料使用效率，减少损耗。提高劳动生产效率和减少损耗是相对而言的，这要看目前的阶段处于什么水平。如果已经是行业领先，是在现有工艺条件下做得最好的，那后续再显著提升的概率是较小的；如果只是行业平均水平，或者行业较低水平，那未来通过管理提升水平的可能还是存在的。通过对被投资企业产品生产线的实地调研，对行业优秀企业产品生产线的实地走访，可以很快地得出结论。

3.3 成本要素的市场趋势

仍以上述玻璃幕墙产品的情况为例，A类成本要素是人工、6（Low-E）+12A+6钢化中空玻璃以及铝合金型材，投资人只需要判断未来这三项主要因素的市场价格趋势即可。此处我们不考虑通货膨胀等系统性因素的影响，单就分析框架和逻辑来寻找预测的办法。

关于人工，通常来说工资是具有黏性的，在发展中国家经济体的整个经济发展过程中工资都是呈现出上涨的趋势，这主要得益于社会整体需求的增加带来了更多的劳动岗位需求以及货币供给的持续增加带来了名义货币收入的增加。但未来人工薪酬的市场水平就一定是上升的吗？未必！如果以生产基地的持续不变、劳动力来源持续不变作为前提，人工薪酬的市场水平大概率是上升的，但是如果进行了产业转移，或者进行了劳动力资源导入，情况也许就会大不相同。比如富士康的生产基地从深圳搬迁到成都，福建的鞋厂从泉州搬迁到越南，人工成本就会出现显著的下降。因此针对人工未来中长期（2—5年）价格的判断，要通过全面仔细的调查研究后方可下结论。

关于6（Low-E）+12A+6钢化中空玻璃，是玻璃原片进行钢化、镀膜和黏合处理而成，其核心的供给方来自主要的大型玻璃制品生产商，其最主要的需求方来自总承包商或专业幕墙施工方，最终用于高档写字楼、酒店等公共建筑的外墙和窗户（该需求和玻璃幕墙的产品需求存在正相关关系）。我们通过研究未来 6（Low-E）+12A+6 钢化中空玻璃的需求增长趋势和玻璃生产商的产能利用情况、新生产线建设情况，就可以预测未来供给的变化趋势和未来玻璃材料价格的变化趋势。如果能够再精细化地建立具体材料的供求函数模型，那就可以较为定量化地预测价格变化情况。

关于铝合金型材的价格，主要是由铝锭的价格决定的。由于上海期货交易所有铝期货合约可以实时跟踪价格，因此对未来一定时期内铝锭的价格是比较容易判断的。因为期货交易所的价格可能存在非理性的波动，所以我们要建立自己的预测模型，建立铝锭的需求函数和供给函数，才能更加定量和准确地预测未来中长期铝锭的价格变化趋势。

三者合计的定量变化结果和趋势，就是未来被投资企业产品价格的可能变动趋势。如果在一个通货膨胀的经济体里，通货膨胀是一个必须考虑的因素，这就要延伸到分析产品和成本要素的成本转移能力。如果被投资企业的产品可以把物价上涨和成本上涨的压力传递给下游的采购商，那通货膨胀的影响因素就会小很多。

上述是举了一个例子，对于任何其他的产品，也可以采用类似的办法进行分析和研究。

3.4 采购量的未来趋势

本质上采购量还是由销售量决定的。这个规则在一般经济情况下是普遍适用的，但是在通货膨胀显著发生的经济环境下并不一定适用。在发生通货膨胀的情况下，企业通常倾向于提前和批量存储原材料，以减少未来价格上涨导致的损失，但是在一个持续通胀环境下的经济体中，原材料成本上涨是一个长期的趋势。

所以关于采购量对未来成本的影响趋势问题，我们更多的还是要关注产品的销售量。产品销售得越多，采购的成本就可能越低，这是规模效应的必然体现。未来销售的量越少，采购量也会越少，成本就有可能会上升。

3.5 采购条件的未来趋势

采购条件是否变化分两个层面来看：

第一个是企业内部的决策。如果企业资金足够多，愿意给予更好的采购条件（比如付款条件），那采购价格肯定会有所下降。

第二个是由被投资企业处于行业当中价值链的位置决定。如果处于优势地位可以获得更多的预收账款，那企业自然可以获得更多的资金，自然可以提高更好的采购条件，自然也就可以降低成本。

四、费用的现状和未来

1. 费用的现状

企业中的费用主要由管理费用、销售费用和财务费用三种组成。

我们要了解费用的现状，只需要打开企业的财务报表，看一看这三种费用近五年或者自成立以来至今的历史数据就可以了。研究费用的现状最好把时间拉长，既要和自己的历史相比较，也要和同期其他的市场对标企业相比较，同时每一项费用均可以再拆开以寻找明细的构成，从而获得更好的判断基础。对费用的预测也是采用成本 ABC

管理法来抓重点。

图 6-3 是 A 股上市公司宋城演艺 2014 年的管理费用和销售费用构成明细。

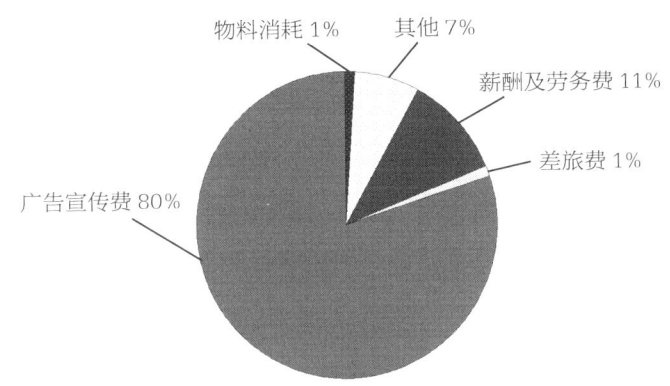

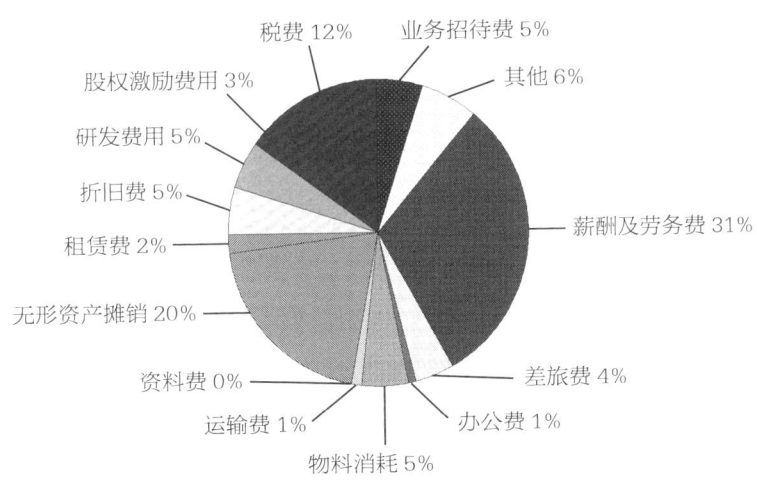

备注：上述图表来源于华泰证券研究所研报

图 6-3

费用的指标既要有费率的指标，也要有人均的指标。这对于判断这个企业的管理能力、销售能力和财务运作能力是非常有必要的。财务费用也许和资本结构有关，但是管理费用和销售费用却是判断企业管理能力非常精准的评价指标。

投资人在日常工作当中随时随地积累各行业的相关费用指标是非常有必要的。在这个工作做到熟练和精通之后，就可以随时随地判断一个企业的管理能力究竟处于什么样的水平。

2. 费用的未来

在搞清楚了被投资企业费用的现状水平以后，我们大致可以判断企业未来的费用水平趋势。如果一个企业已经做到了行业顶尖的费用管控水平，并且相关的管理人员仍然保持着一如既往的管理要求和作风，那么他们未来的费用管控水平预计也将保持现在的状态。如果一个企业费用管控水平很差，费用偏高，但管理团队已经意识到这个问题并且开始逐步着手解决，从人员用量、价格上进行管理，那么未来好转的可能性也是极大的。

因此判断费用未来的走势主要看两点：第一点是费用的现状水平如何；第二点是管理团队有没有意识到或有没有在行动上去改变这种状况。

以宋城演艺的销售费用为例，其总体费率是否已经达到行业最优是一个简单的判断指标，假如在当期没有达到最优，继续分析就会发现主要的费用是花在广告宣传上（占销售费用的 80%），那我们就应该判断两点：第一点，这个广告宣传费是否应该花？第二点，是否应该以目前的形式来花？对于一个项目早期的拓展来说，花一定的广告宣传费是必要的，但是花多少、如何花确是很有讲究的，也体现了公司治理水平和员工能力水平。在公司治理不规范或者管理不严格的企业，宣传策划人员贪腐等道德风险是引起费用浪费一个很大的原因，然后才是宣传策划人员费效比、能力水平低导致的宣传费用浪费。从这两个方面去评价其销售团队和公司治理，可以进一步增强对未来销售费用变化趋势的判断。不同的投资人和管理者有不同的价值取向，有些投资人或管理者愿意容忍这些灰色的情况，那可以预测未来销售费用不会减少；有些投资人或管理者的理念是严格基于契约精神，对这类灰色的内部贪腐现象持否定态度，那可以预测未来的销售费用支出会有所改进。

再以宋城演艺的管理费用为例，首先判断其总体费率是否已经达到行业最优，其次研究其费用构成。在研究薪酬及劳务费总额时，人员效能是一个直接的判断标准：如果管理人员过多，则是可以优化的；如果管理人员已经很紧凑，那要看其薪酬水平是否已经达到了行业较高水平。如果其薪酬水平还处于行业较低水平或者行业平均水平，则要与企业的业绩相挂钩来研究分析；如果此时企业业绩显著高于同业，则后续需要提升员工薪酬，未来此部分的薪酬及劳务费可能就会增加。无形资产摊销通常采用直线摊销法，即在一定时期内每期摊销金额都保持稳定，投资人需要观察摊销截止日期，在到期日之后这部分费用通常会大幅减少，因此通过这部分的模拟计算可以较为准确地预测。税费则要看具体的缴纳明细，通常是较难有显著改变的；研发费则要看企业经营的阶段，如果未来短期内是投产期，新项目的研发活动较少，则未来一段时间的研发费有可能减少，反之则研发费增加；折旧同摊销，如果折旧方法是采用直线折旧而非工作量折旧或加速折旧，则短期内较难有显著变化（与折旧计提期限有关）；物料消耗费主要是创作能力、采购与管理能力的体现，优秀的创意可以减少物料的单次消耗，提升重复使用效率，良好的采购可以减少成本，循环使用则是管理能力的体现；业务招待费和公司治理及对外关系、业务发展密切相关，可以从管理团队对业务招待的态度、从企业对外交流活动的频率等方面着手判断未来趋势。上述所有明细的分项影响因素合并以后，就可以得到整个管理费用未来的变化趋势。

关于费用的管理问题，有两个特别有趣的现象。在股东自己参与企业经营管理的私人企业中，费用管理水平通常做得不错；但是在由职业经理人控制的企业中，费用管理水平往往做得很差，因为职业经理人往往更倾向于用公司的资金来为自己的职务消费买单，对于费用管理的意愿并不强烈。所以我们经常看到一些西方国家的公司，尤其是股东和管理层分离的那种企业，管理层往往拥有非常巨额的职务消费。能否改变这类现状和问题，是企业未来盈利能力的一个重大影响因素。由巴西人雷曼、马塞尔和贝托创建的"3G资本"就尤其擅长对成本费用的控制，他们从巴西的一家最开始只有3个办公室和3部电话的小经纪公司（1971年）最终发展成为拥有美洲饮料、百威英博、亨氏食品、汉堡王等一系列品牌的资本集团。

第七章

总资产周转率

观察总资产周转率的变化趋势是对被投资企业未来 ROE 变化趋势的判断方法之一。投资者观察总资产周转率并不是为了寻找已经做到最优的企业，而是为了判断被投资企业是否存在总资产周转率提升的潜力和可行性。如果存在提升的潜力，那 ROE 就有可能提升；如果已经做到了最优，那未来总资产周转率对 ROE 的贡献就极少，反而体现为降低的风险。

这对判断被投资企业投资收益和风险是极其重要的。

一、核心是看销售总额

根据总资产周转率 = 销售收入 ÷ 总资产，在总资产金额一定的情况下，销售收入越多，总资产周转率越高；在销售净利率和权益乘数保持不变的情况下，总资产周转率越高，对 ROE 的贡献越多；ROE 越高，对 IRR 的贡献越高。

因此，追求尽可能高的总资产周转率，其实就转化成了追求尽可能高的销售收入；在历史销售收入无法改变的情况下，追求尽可能高的销售收入，其实就转变成了追求尽可能高的销售收入增长率。

这就是为什么我们在财经新闻中，经常会发现企业的管理人员在汇报经营状况时会特别强调销售增长率。

二、销售总额背后的因素

根据销售总额计算公式（销售总额 ＝ 销售量 × 销售价格），所以对销售总额的研究可以分成对销售量和销售价格两部分的研究。

1. 销售价格

我们在前面第六章已经对销售价格进行过较为详细的讨论，本节不再对此展开叙述。

2. 销售量

预测销售量基于以下逻辑：首先判断产品所处的外部市场规模的变化趋势，其次判断企业产品在所处市场中的市场占有率的变化趋势。

产品外部市场规模的变化趋势是由外部因素决定的，企业内部很难主动影响，但市场占有率是企业产品市场竞争力的表现指标，很大部分是由企业决定的，企业可以通过自身的改变获得更好的表现。企业要获得更好的市场占有率有两条路可以选择：第一是选择更匹配现有产品的营销策略（这种情况代表着产品已经很满足市场的需求了，改良的空间不大，剩下的问题就是怎么提高销售量）；第二是对现有产品进行改良（这种情况代表着产品和市场需求之间还存在不完全满足的情况，产品还存在通过改良获得更好销售业绩的可能）。

2.1 市场规模

我们在前面第三章风险详解中就市场规模做过专门的论述，阐述的是行业或产品的市场规模，是从宏观层面上对行业的判断和对产品生命周期的判断。此处我们在具体的销量趋势分析阶段将更注重产品的市场规模。

一个行业由无数的产品或产品链条组成，比如汽车行业就包含了整车制造和汽车零部件产品，是一个很长的价值链。假如汽车行业处于成熟期，并不一定代表轮胎产品也处于成熟期。相反，由于轮胎是汽车后市场的重要组成部分，汽车保有量越大，轮胎后续的保养、更换的需求就越旺盛，因此轮胎的需求周期滞后于汽车销量的周期。

所以我们在预测具体产品的销量趋势时，要关注产品目前的市场规模，而不仅仅是关注行业的市场规模。在上述汽车行业轮胎产品的例子中，统计历年来所有轮胎厂家的销售总额就是客观呈现轮胎产品历史市场规模的最好数据，如果不能做到尽数统计，那选择尽可能多的具有代表性的轮胎企业的销售额进行统计也是一个好办法。

在被投资企业市场竞争力（即市场占有率）没有发生显著变化时，市场规模本身的变化趋势，就代表了产品销量的变化趋势，具有同方向运动的规律。

2.2 市场占有率

市场占有率（市场占有率 = 被投资企业年销售额 ÷ 市场年销售

总额）是一个现状指标，体现的是被投资企业历史上和目前的市场竞争力水平，是由企业自身在市场上抢占的份额来决定的。无论市场规模这个外部因素如何变化，不断提升自己的竞争力、提升市场占有率才是企业发展壮大的根本。

提升市场占有率最简单、最直接的方法就是改良营销策略，更深层次的办法是改良产品。

2.3 策略选择

上述关于市场规模、市场占有率的指标都是判断被投资企业目前销量现状的指标，那要如何判断未来销量指标呢？这就要从被投资企业的一系列策略选择上来研究。

首先，可以采用 SWOT 分析工具来研究企业发展策略，观察其是否选择了正确的方向；其次，利用波士顿矩阵来做企业的产品组合策略研究，观察其是否选择了合适的产品；最后，观察销售策略选择是否恰当。

（1）企业发展策略

所谓企业发展策略（尤其是需要寻找投资人介入的企业，这类企业大多还处于行业的导入期和成长期）指的是企业选择发展方向的策略。选择一个合适的市场方向，并且努力发挥自己的强项是早期企业能够生存下来的保证。判断企业是否选择了正确的发展策略的方法工具就是 SWOT 分析方法。该方法具有普遍适用性，既适用于分析产品，也适用于分析企业。

SWOT 分析法又叫态势分析法，是将与研究对象密切相关的各种内外部因素统一纳入考虑范围，并一一列举出来进行矩阵排列，然后把各种影响因素结合起来加以分析，从而得出一系列结论的方法。利用该方法可以找出对企业有利和值得进一步发挥优势的因素，规避不利的因素，发现存在的问题并找出解决办法以明确后续的发展方向。

SWOT 分析法中的 S（strengths）代表优势，W（weaknesses）代表劣势，O（opportunities）代表机会，T（threats）代表威胁。S 和 W 是企业的内部因素，O 和 T 是企业的外部因素。需要特别注意的是，分析优劣势时需要从整个价值链的每个环节上将企业与竞争对手做详细的对比，要从客户的角度来判断自身的优劣势，而不是站在企业自己的角度上，因为所谓优劣势，都是比较以后的结果。经过分析对比后，企业都会处在下图四个象限中的其中一个象限里，处在不同的象限就要选择与之对应的战略。处在 SO（增长型战略）中的企业是投资人的最爱。

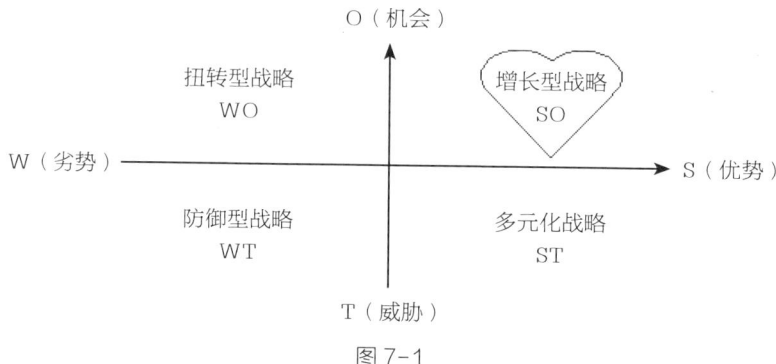

图 7-1

任何一个市场中，机会与威胁并存。同样，当企业与竞争对手进行比较后，总有些优势或者劣势可以表现出来。企业要选择的就是在既有机会，又有优势的领域发展，因为在这些领域发展才可以获得高增长。如果短期内处于别的位置，比如市场有机会但自身优势不强，则必须选择扭转局面建立新优势的战略转入第一象限，才有可能成功。

投资人要判断的就是被投资企业及其产品是否处在第一象限，如果不在第一象限，则要看其选择的发展战略是否满足上图中的推荐战略，如果满足，那企业还存在向好发展的可能，否则前景岌岌可危。

（2）产品组合策略

对被投资企业的产品进行研究分析是极其必要的，因为企业所有的利润最终都是通过产品去实现的。进行产品组合决策最有效的工具之一便是利用波士顿矩阵法，该方法是美国波士顿公司提出的，用于把企业生产的全部产品和业务决策作为一个整体进行企业产品的组合决策，寻找具有高增长潜力的产品。

该矩阵的横坐标为相对市场占有率（本企业某产品市场占有率与同行业最大竞争对手的产品的市场占有率之比），相对市场占有率以 1 为分隔点，1 以上为高市场占有率，1 以下为低市场占有率。企业的产品相对市场占有率越高，表示产品的竞争力越强，反之，则越弱。

纵坐标为销售增长率，用企业某产品近两年市场销售额增长的百分比来计算，体现的是产品所在市场的发展趋势。操作中通常以 10% 为分界线，10% 以上为高增长率，10% 以下为低增长率。

通过上述划分的四个象限，就可以将所有产品划分成四种类型，分别叫问题产品、明星产品、金牛产品和瘦狗产品，如图 7-2 所示。

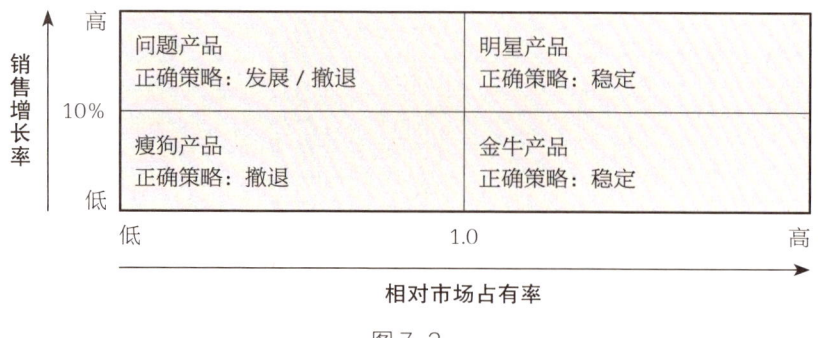

图 7-2

问题产品具有高销售增长率、低相对市场占有率的特点。这类产品也可能是企业新开发的产品，但新开发的产品不一定就是好产品。如果市场足够大，而被投资企业暂时还没有体现出强大的竞争优势，那这类产品随着加大市场销售的投入就有可能会转变成明星产品；如果市场规模总体不大，或者虽然足够大，但是被投资企业缺乏核心竞争力，未来这款产品就有可能转变成瘦狗产品。所以投资这一类产品要特别慎重，投错了后果很严重。

明星产品具有高销售增长率、高相对市场占有率的特点。这类产品往往是由问题产品成功孵化而来的，是高速成长市场中的领导者（通俗地讲就是"爆款产品"）。随着市场占有率的逐步提升，未来会变成金牛产品。被投资企业中最好已经出现一款或多款这样的明星产品，这样可以显著降低企业经营失败的概率。

金牛产品具有低销售增长率、高相对市场占有率的特点。这类产品一般体现为成熟市场中的领导者，是企业稳定的利润和现金流来源。当企业中出现了一种金牛产品之后，就必须寻找新的明星产品，才能保证企业收入持续高速增长，否则企业虽然短期内也可以继续依靠金牛产品享有利润和现金，但不保证未来市场出现变化后企业可以迅速顺应潮流。因此企业通常需要用金牛产品的利润和现金为其他三种产品服务。

瘦狗产品具有低销售增长率、低相对市场占有率的特点。通常这类产品是微利甚至亏损的，瘦狗一词特别形象地描述出了这种产品目前的惨状。这类产品大多存在于一些市场萎缩，且行业内尚有一些规模庞大的竞争对手占据了寡头或垄断地位的行业里。

对于明星产品和金牛产品，被投资企业最应该选择的就是继续保持的稳定策略；对于瘦狗产品，被投资企业最应该选择的就是撤退策略；而问题产品，则要辩证地分析未来是否具有向高市场占有率转变的可能，如具有则可以继续发展，否则就该撤退。投资人最希望看到的是所有产品全都是明星产品，因为这种情况代表着产品已经成功，且具有极高的增长性，企业投资风险小，但是收益却很大。

在一些新的行业，如果市场参与者的销售数据并不公开，则可以换一个指标对波士顿矩阵进行变形（本书暂且称其为"杜邦矩阵"，因其采用的是杜邦分析体系中最重要的两个因素）。笔者对波士顿矩阵横坐标进行了调整，将其修改为销售净利率（以 10% 或其他被投资企业所在国家的平均销售净利率水平作为分界线），变形后的杜邦矩阵如图7-3 所示。

作为投资人，我们需要观察的是被投资企业所有的产品是否已经按照上述逻辑做出了合理的后续安排。如果被投资企业集中精力在明星产品的经营上，后续周转率无疑可以得到保障，后续高增长的利润业绩预期是可以实现的，反之亦然。

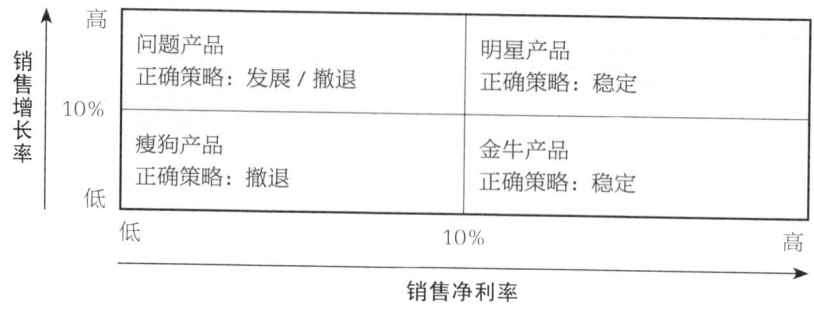

图 7-3

（3）销售策略

从实现企业高 ROE 回报的角度出发，可供选择的发展方向只有两种：一是选择高销售净利率的方向；二是选择高周转率的方向。这两个方向通常的表现形式是市场营销专业中常常提及的差异化竞争策略和成本领先策略。

差异化竞争（高利润率模式）：要实现高利润率模式却没有差异化是绝对不行的。对于同质产品而言，完全相同的产品和服务最终会面临价格战，要想避免价格战就必须采取提供附加产品和服务的方法规避。

成本领先（高周转率模式）：所谓成本领先策略说白了就是要做到足够低的成本才能保持竞争优势，这种情况通常是对应高周转率、低销售净利率的策略选择的。

在不同的市场类型中，竞争策略的选择对市场占有率的影响至关重要。错误的竞争策略会导致市场份额不断地丢失，正确的竞争策略有助于市场占有率的稳步提升或显著提升。上述两种竞争策略中通常存在二选一的相对最优解，总有一个方案是可以显著提高 ROE 的。我们推荐被投资企业优先选择差异化竞争策略，因为保障销售净利率是一切的基础。在中高收入的经济体中差异化竞争策略通常是有效的，中高收入经济体内的消费者对价格不会太敏感，他们一般会为额外的需求买单。在低收入经济体中则更倾向于成本领先策略，低收入经济体中的消费者对价格极其敏感，因此企业只要以稍微更低的销售价格就可以抢占巨大的市场份额，拼多多就是一个典型的例子。

所以总结下来，我们观察被投资企业在企业发展（SO 增长型）、产品组合（明星产品多）、销售策略（处于价格不敏感市场采用差异化竞争策略，处于价格敏感市场采用成本领先策略）的一系列选择决定是否正确，可以判断被投资企业后续是否还有更好的发展机会。

2.4 产品改良

上述所讲的一系列营销策略的选择，前提是企业提供的产品总体上是匹配市场需求的。当市场需求和产品不完全匹配，针对需求进行产品的改良，则是营销策略能够落地的最强力支撑。这类情况在手机产品、软件产品等领域是非常普遍的，产品进行着快速的迭代和更新，才能保证客户黏性的稳定和日均活跃用户的数量。

观察被投资企业产品被市场认可的程度以及改良的可行性，也是判断其未来销量趋势的一个简便方法。

3. 总资产

前文讲述了总资产周转率指标中销售额的一系列影响逻辑，我们接着讲述总资产对总资产周转率的影响。

　　根据总资产＝所有者权益＋总负债，在所有者权益由投资者决定的情况下，总负债就是一个由企业经营者决定的问题，这关系到被投资企业的负债结构和资产结构问题。在总资产保持不变的情况下，销售额越大，总资产周转率越高，这种情况代表着企业用相同的资产，完成了更多次数的经济活动循环，加快了收入实现的频率；当销售额和总资产同比例变动，则总资产周转率不发生变化，即该种情况下发生的销售额提升是因为资产规模的提升，属于粗放型发展，并不是增效型发展。

　　从前文第五章所举的万科的例子可以看出，其 ROE 增长主要受权益乘数和销售净利率的影响，总资产周转率反而在长期呈现出下滑的趋势，也就是说管理的效率随着企业规模的扩大其实并没有提升，而是有些下滑。这种情况在房地产企业中特别明显，因为房地产企业有一个显著特点就是产品从建设到交付的过程存在一个科学的时间底限，无论怎么努力提高建设和交付的效率从而提高收入实现的频率都有一个底限无法突破，所以周转率不可能无限制地提升。但与此同时，随着房地产企业规模的增大，企业管理的效率却不可避免地会有所降低，因为房地产企业存在项目的异地性和管理地域的有限性，所以这种效率的降低是发展的必然。因此，在不同的行业中，选择提升销售净利率、总资产周转率是否一定可行，这需要辩证地看待，比如房地产企业，还有一个可供选择的发展策略就是提升权益乘数，而提升权益乘数就必须要增加负债才能实现总资产规模的提升。

　　那负债要怎么变动才是最优的呢？这正是我们下一章要探讨的问题。

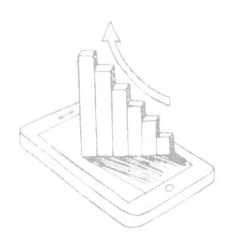

第八章

权益乘数

和观察被投资企业销售净利率与总资产周转率一样，投资人观察被投资企业权益乘数的目的也主要有两个：一是了解被投资企业目前的杠杆水平；二是判断被投资企业未来是否还存在继续提升权益乘数的空间。

一、权益乘数构成

根据权益乘数 = 总资产 ÷ 所有者权益（净资产），要提高权益乘数，提高总资产是一个最简便的方式。而总资产等于所有者权益加上负债，因此在净资产不变的情况下，要提升总资产就只有通过提高负债的方式实现。

二、权益乘数的动态平衡

如果只追求收益，权益乘数越大越能提升 ROE，但是这有前提，就是在销售净利率为正的情况下才适用，否则权益乘数越大亏得越多。权益乘数越大 ROE 越大，但与此同时风险也越大，具体体现在偿债能力、资金链断裂的风险上。所以杠杆不能随意上，一定要在有销售净利率保障和偿还债务能力的基础上才可以。与此同时，企业边际负债增加的成本需要小于企业因边际投入增加而产生的边际收益，在这种情况下上述增加权益乘数的行为才是可行的。比如增加借款 100 万元，利息是 10 万元，这 100 万元的借款被用于产品生产和销售，可获得的净利润（不算利息）是 5 万元，那借款从事生产销售活动所得还不足以偿还利息，这就没有必要了。

因此，权益乘数并不是越大越好。

权益乘数的放大或缩小是被动选择还是主动选择呢？

正确的逻辑应该是企业发现一个产品的销售净利率足够大，市场规模也很大，且企业现有的管理水平已经把企业所有资产的效率发挥到阶段性的极限，但依然无法迅速实现市场份额的进一步提升，那企业必然要增加负债投入到生产，从而进一步扩大市场份额，获得更多的利润。这是一个被动选择的自然过程。

所以很多企业会优先选择从提升权益乘数着手，先通过提高负债增加资产总量，然后投入生产，制造尽可能多的产品，再销售，形成利润的粗放型发展模式。这种提高权益乘数的方式是最简单直接的，也是最轻松的，在企业要迅速抢占市场的时候简便易行。但随着行业进入成熟期，对成本控制要求越来越严，对效率要求越来越高的时候，企业就必须回归到提高总资产周转率的路径上来。这两种情形说明了为什么市场中有一些企业管理粗放但却没有倒闭，为什么企业达到一定规模就必须要加强管理、提升效率、反对官僚作风。

过大的权益乘数会增加债务的比例，从而增加财务费用，减少净利润，降低销售净利率，因此权益乘数实际上是和销售净利率互相制衡的。从理论上说存在权益乘数和销售净利率的一个最优组合，且这个组合随着销售净利率和财务成本的变动而一直处于动态变化之中。

三、优质的权益乘数

1. 非政府影响下的追求路径

从上述关于权益乘数的分析可以看出，不断增长的负债有助于权益乘数的提高，但同时也不断增加了财务费用的支出，对销售净利率存在反向的影响。

为了减少这种反向影响，企业需要尽可能追求低成本的负债，最好是无息负债。常见的无息负债是财务报表中的所有预收账款，但这需要企业具有极强的行业话语权才可以实现。

在无息负债比较难以实现的时候，低息负债便是第二优选的途径，而获取低息负债的最有力保障就是企业具有较强的偿债能力水平，因此经营活动现金流、流动比例、速动比率、利息备付率、可抵押资产等指标是观察企业低息负债扩容潜力的最佳指标。

图 8-1 就是一个权益乘数质量变差的例子（源于某剧目演出企业财务数据），从中可以看出，该企业在 2009 年时预收账款等无息负债

的比例是最高的，但是到了 2018 年，预收账款占比显著下降，应付账款（假设有息）占比显著上升。这其中的原因既可能是行业竞争格局的变化，如买方更强势，有了更多替代产品，不需要提前预付抢票等；也可能是消费模式的变化，如电商兴起，可以随时网上购票，压缩原来门店买票的预付占比等。

所以，如果要追求尽可能高的权益乘数，无息负债是最佳选择。无息负债占总负债的比例越高，相对越好。

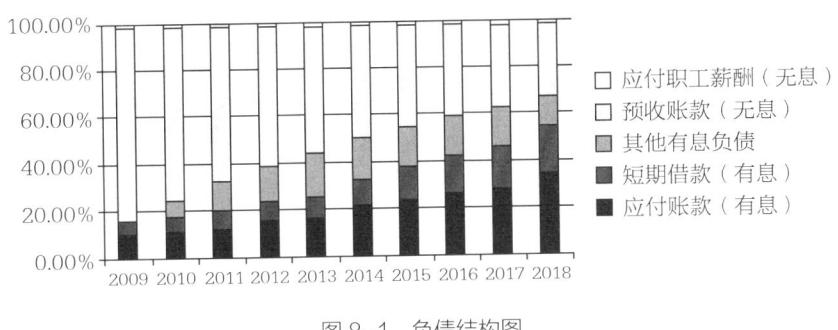

图 8-1 负债结构图

2. 货币政策

如果预测被投资企业很难获得较高比例的无息负债，那我们要判断其未来权益乘数发展趋势就必须理性地考虑有息负债了。有息负债的构成尽可能往低息方向变动是最好的发展趋势，但是，整体利率的变动却和宏观的货币政策息息相关，预测未来企业权益乘数的趋势就必须要观测货币政策的走向。

在积极的货币政策趋势下，未来货币供给是增加的，当货币需求增长不及货币供给增长时，利率下调是趋势，短期内此种情况有助于刺激企业增加负债进行更多的投资生产逐利，即提高权益乘数，增加ROE，但前提是销售净利率仍为正。如果被投资企业主要是以资金作为生产要素，如金融企业，那么宏观货币政策对权益乘数的影响是极大的，这主要通过利率来表现。

当然，货币政策的变化导致的利率变化会因很多因素而发生较复杂的变化，需要在具体的经济环境中具体分析，以此来把握未来被投资企业各类决策的方向。

第九章

宏观框架

前面第一至第八章都是基于微观层面对项目进行的分析，要判断一个项目是否值得投资，关键的考察指标有三个：收益性、风险性和流动性，我们经过较细致深入的分析后能大致判断项目的情况。

如果我们想要更快捷地判断一个项目是否值得投资，还有没有更简洁和宏观的筛选方法呢？有！

宏观层面主要看这几项因素：人、行业、经济周期、财政政策、货币政策。

一、人

公司的启动是从第一笔资金的运作开始的，之后的所有回报都是基于对之前投入的转化。因此，资金是项目实现的驱动因素之一。《公司法》第二十七条这样写道："股东可以用货币出资，也可以用实物、知识产权、土地使用权等可以用货币估价并可以依法转让的非货币财产作价出资；但是，法律、行政法规规定不得作为出资的财产除外。

对作为出资的非货币财产应当评估作价，核实财产，不得高估或者低估作价。法律、行政法规对评估作价有规定的，从其规定。"因此，生产资料也是项目实现的驱动因素之一。其实实物生产资料也是可以用资金来买的，也相当于资金。

但上述分析都忽略了一个非常重要的隐藏因素，那就是人。仔细观察我们会发现，同样的企业由不同的人经营，效果是会有差异的。对资金的利用效果其实最终是由人决定的，是人决定了把资金用在什么地方、怎么用，人才是最重要的影响因素。不同的人会做出不同的决策，甚至同一个人或者同一群人在不同的情况下有可能做出不同的决策。

按这个方向去分析，被投资企业的价值由被投资企业团队决定，而团队的表现由两个因素决定：一是把企业经营好的欲望（我们用"想不想"来表示）；二是把企业经营好的能力（我们用"行不行"来表示）。

1. 想不想

所谓方法、技能等这些看起来必须要具备才能经营好企业的因素，在真正的欲望面前都不值得一提。因为足够强烈的欲望可以驱使人去学习和总结，去想各种办法实现自己的欲望。

正如水往低处流，水本身不具有思想，它受重力影响，唯一不变的就是要往更低的地方流淌。如果把"水往低处流"这种自然规律比喻成水的欲望，那这种欲望就使得水克服了所有困难实现了自己的欲望。我们把企业利润最大化和价值最大化作为被投资企业员工团队的欲望，如果这种欲望能够像"水往低处流"时时刻刻贯穿到水的生命中一样贯穿在整个员工团队工作中的每一秒（哪怕是大部分时间），永远坚持，那这个企业的发展一定是令人吃惊的。

现实生活中最典型的例子就是华为。华为招聘员工要招"苦大仇深"类型的，这类员工的典型画像是：农村出身，家庭贫穷，上学要走很远的路且每天如此，靠自己顽强的意志和持续的拼搏考上大学，其间从未因任何成就而停止努力。这类员工在残酷的原生家庭负担下早早就明白了持续奋斗的道理，正是这样的人往往最渴望改变命运，也正是这样的人，往往最能改变社会。

笔者统计了 2019 年 A 股所有上市公司中近 10 年 ROE 连续超过 10% 且实际控制人为自然人的公司共有 61 家，在对这 61 家公司的实际控制人的出身和奋斗经历进行研究统计后我们发现，早年家境贫苦的有 18 家（占比约 30%），家庭出身中等的有 1 家（占比约 2%），家境较好的有 5 家（占比约 8%），家境不详的有 37 家（占比约 61%）。若家境不详的样本不纳入统计，我们会发现早年家境贫苦的上市公司实际控制人占比最高。根据媒体对这些人的采访报道，我们经常可以看出其对改变贫穷生活的深切渴望，正是这些动力和压力促使他们不断求变，并能够直面各种常人难以克服的困难。本就来自苦海，何惧前路艰辛！

除了艰苦的生活能让人坚韧不拔之外，传统名门望族或有优良传统的特定人群也存在着较强的追求成功的动机，这些群体有着守业的责任与压力，有着对家族荣誉和地位传承发扬的内在需求，而且由于具有家族或圈子资源的支持，往往也容易获得成功。

2. 行不行

正如上文所述，强烈的欲望是攻克一切困难的秘籍。只要保持初心，所有企业管理的目标都会实现，从这个角度来说欲望是保持企业良性经营的持续性保障。那有什么办法可以加快实现企业管理目标呢？这就要看企业全员的能力如何了，而企业全员的能力往往可以在企业一把手身上体现出来。科学的方法和具体的行动是业绩的最有效保障，也是具体的能力表现。

科学的方法最容易被两类人掌握：一是受过良好教育的人；二是有过丰富经验的人。

上文提到的 61 家公司，对其实际控制人受教育程度进行研究统计后我们发现，受过高等教育等良好教育的有 30 家（占比约 49%），教育背景不详的有 19 家（占比约 31%），没有受过高等教育的有 12 家（占比约 20%，这 12 家中实控人早年有过多行业从业经历、多次创业经历、行业内丰富从业经验的有 10 家，占比约 83%）。从这个统计数据可以看出，受过高等教育的数量占有明显的优势，没有受过系统性高等教育的实际控制人中绝大部分都是在残酷的市场中搏杀出来的精英，具有丰富的实操经验，一定程度上弥补了教育的缺失。

具体的行动体现在企业的执行力上，在上述两类人中往往是没受过系统性高等教育的实控人的执行力更强，而受过高等教育的执行力略微偏弱。这也许是因为受过良好教育的实控人所属行业多是一些利润率较高的行业，有一定的技术或行业壁垒，可以允许一定时间内的执行力偏弱成本。而没受过系统性高等教育的实控人往往只能在一些相对低利润率的行业中靠各类竞争搏杀，这些行业没有强势的执行力是万万不行的。

所以，商场上的佼佼者大多不是单单凭借一腔热情就可以存活的，都各有各的求生法则。

二、行业

假如三百六十行都安排人去经营，则一定有一个或一些行业是会高成长或者会获得高收益的，这是历史的必然。这些行业的从业者碰巧进入这些行业并获得超额收益，这是历史的偶然。对人的选择只是为了寻找行业中的佼佼者，而对行业的选择才是投资成功更重要的保障。

正如前文第三章关于行业的介绍，行业成长早期是进入的最优选择，此时其有足够的成长潜力。

三、经济周期

有一首歌曲《爱拼才会赢》曾经火遍大江南北，这首歌传递了积极向上、努力拼搏的正能量，其中有一句歌词"三分天注定，七分靠打拼"深刻地阐释了内部自身努力的决定性因素和外部宏观与不可控因素的影响。本书不是专门讲述经济周期的专著，在此仅简要介绍目前被广泛运用的经济周期。

在宏观经济周期发展的不同阶段，顺势而为是极其重要的选择，逆势而为也许在付出了极大的努力后会有所成就，但投入产出比远远小于顺势而为的情况。对项目所在经济体的经济周期的研究和判断，是从事项目投资的前提和基础，是决定项目进入、退出时点的极其重要的构成内容，必须在项目开始之前完成。在经济衰退期退出项目并不是一个明智之举，因为此时价格往往处于低位；在经济周期的波峰上进行投资也不是一个明智之举，因为随后很快就将面临巨额的减值。

在近现代经济学发展过程中，按支出法计算的 GDP= 最终消费 + 资本形成总额 + 货物和服务净出口 =（居民消费 + 政府消费）+（固定资本形成总额 + 存货增加）+（货物和服务出口 − 货物和服务进口），由于并没有发现宏观消费支出有显著的周期性，净出口占整体经济的比重又较少，因此人们更多的是对资本形成总额的周期性进行了研究，细化到具体构成（包括住宅、厂房机器设备及存货等）则发现了四种主要的经济周期。

这四种主要的经济周期按长度区分为基钦周期（3 年左右）、朱格拉周期（10 年左右）、库兹涅茨周期（20 年左右）、康德拉季耶夫周期（50 年左右）。随着未来社会经济和技术的发展，不排除还会出现新的经济周期种类的可能。值得注意的是，上述经济周期是人们在统计历史数据的过程中发现的规律，但具体的周期长度并不是精确和固定的，受多因素影响而具有不确定性的特点。因此上述各类经济周期的长度并不代表未来在各个经济体中仍适用，不同经济体的经济周期可能存在不同的特征。随着人们对经济周期影响因素的研究越来越清晰准确，也不排除可以通过人为干预的方式及时化解经济衰退的隐患，从而获得更长的经济增长期和经济周期。对经济周期感兴趣且想进一步详细了解的读者朋友可参阅《逃不开的经济周期》（拉斯·特维德著）一书。

1. 基钦周期

基钦周期又叫存货周期，是经济学家约瑟夫·基钦根据美国、英国从 1890 年到 1922 年的利率、物价、生产和就业等统计资料分析后于 1923 年提出的，该理论认为资本主义经济每隔约 40 个月（约 3.3 年）就会出现一次有规律的上下波动。该理论从厂商生产过多产品时会形成存货，其后厂商会减少生产的经济现象出发来观察，把这种 2—4 年的周期性称为存货周期。

应该说存货周期的存在是"竞争性生产"和"时滞效应"现象的一种客观合理的表现。竞争性生产指的是当市场存在需求时，大部分的厂商都会尽自己所能赶在别的厂商之前生产出产品来抢先销售，由此导致的实际产量最终会成倍大于需求量的行为。时滞效应则是从市场需求产生到产品生产供给市场之间存在时间延迟的现象。

基钦周期（存货周期）广泛存在于各国经济体中，我国经济中也发现了该周期的身影且与世界各国呈现的特征一致。根据国家统计局公布的"GDP 资本形成总额存货增加"科目统计数据来测量的中国大陆整体存货周期表现，可以发现，从 2000 年开始至今，中国大陆整体宏观经济也表现出了多次较强的存货周期特征，截至 2019 年，已经表现出了 5 个完整的存货周期，平均存货周期长度为 3.2 年。（见图 9-1）

存货周期（基钦周期）的经济特征

长度和振幅：

　　长度 2—4 年，并不是一个精确数值，但有相当强的周期规律性。

　　波动幅度有限，许多下降并不会导致经济衰退，只是呈现增长低迷。

主要驱动因素：

　　存货，大约平均占年度 GDP 的 6%（不同经济体由于经济结构不同而存在差异）。

　　存货中有一部分耐用品比服务业和稳定的消费类波动幅度更大，如汽车和汽车零部件的存货起了很大作用。

破坏效应：

　　有限。

积极效应：

　　消除通货膨胀（货币蓄水池）。

关键指标：

　　存货。

备注：参考《逃不过的经济周期》（拉斯·特维德著，董裕平译）

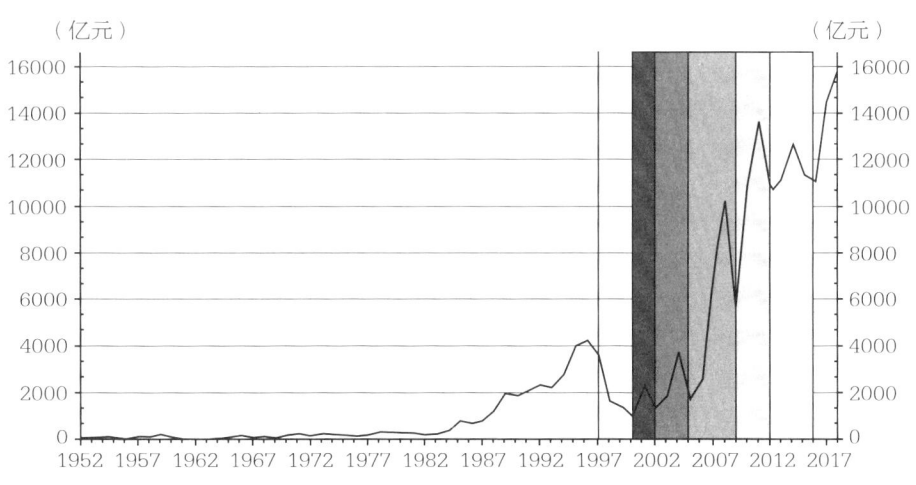

—— GDP 存货增加（2000 年之后）

数据来源：Wind

图 9-1

2000—2002 年第一次显著的存货周期为期 2 年，2002—2005 年第二次显著的存货周期为期 3 年，2005—2009 年第三次显著的存货周期为期 4 年，2009—2012 年第四次显著的存货周期为期 3 年，2012—2016 年第五次显著的存货周期为期 4 年。5 次存货周期的平均长度为 3.2 年，与基钦周期的 40 个月（约 3.3 年）的周期长度较为接近。

若按整体平均周期长度 3.2 年的数据来估算，第 6 个存货周期将于 2020 年 2 月中旬结束；若按此前 5 个存货周期中最长的一个周期 4 年来估算，第 6 个存货周期将于 2020 年 12 月末结束。换句话说，就是自 2019 年至第 6 个存货周期结束前都将是下降阶段。当然，如果出现像 1997 年全球经济危机等更大范围经济周期的影响，不排除第 6 个存货周期的下行时间会显著拉长，存货周期将持续长期下降。类似的情况也发生在 2008 年由美国次贷危机引起的全球金融危机期间，从上图可以看到，在 2008 年存货增加额进一步下行，使得第三次存货周期长度从上一次的 3 年延长为 4 年。

2000 年以前，中国大陆在 1982—2000 整 18 年间有 4 次较为显著的存货周期，平均长度为 4.5 年，其间最长的一次为 7 年（1993—2000 年），其间发生了 1997 年亚洲金融危机。从图 9-2 可以看到，在 1997 年存货增加额发生了显著加速下滑并在 1998 年和 1999 年进一步恶化。

2000 年之后存货周期明显缩短，几乎接近基钦周期的 3.3 年。这有可能是因为在 1982—2000 年间中国尚处于改革开放的初期，整个经济体仍处于极度短缺的经济状态，各经济参与主体（厂商）对于市

场需求变化的调节反射弧还比较长。在 2000 年之后短缺的情况逐渐
得到改善，中国步入相对短缺经济状态，各经济参与主体对市场需求
变化的调节变得更为敏感高效。未来随着电商的发展和产业链的缩短，
生产商对市场需求的敏感度可能会加强，从而做到更精准的生产，所
以不排除未来中国基钦周期也可能出现缩短的情况。

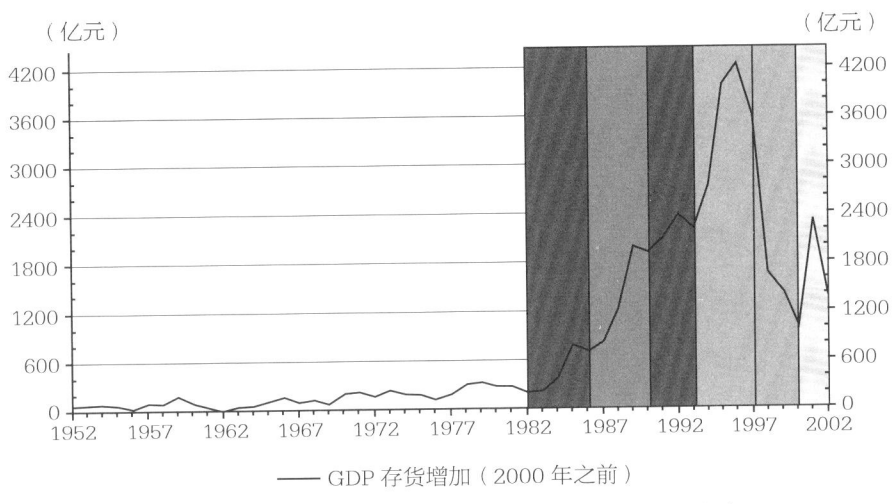

数据来源：Wind

图 9-2

存货周期虽然规模不大（2018 年中国存货增加形成资本总额约
1.6 万亿元，同期 GDP 约 88 万亿元），且其具体驱动因素和变化原因
仍是众多经济学家和企业家研究的课题，但不管怎么说，存货周期的
客观存在确是显而易见的。

投资人对项目所在经济体存货周期的分析也是一个快速判断整体
宏观经济环境的良好办法，如果拟投资项目正好处于消费品行业，那
么对存货周期的研究就对项目的投资和退出显得更为重要。

2. 朱格拉周期

1862 年法国人克里门特·朱格拉发表了其关于经济波动进程的研究成果——《论德、英、美三国经济危机及发生周期》。朱格拉认为经常性的经济危机并不是一些简单的相互独立的事件，而是经济组织内在不稳定性、周期性重复发作的体现。朱格拉通过研究大量统计数据后认为经济存在着 9—10 年的周期波动。这种中等长度的经济周期后来被称为"朱格拉周期"（又称"资本性支出周期"）。经济学家们对朱格拉周期背后的驱动因素和成因进行了广泛研究，认为其主要的驱动因素是设备投资、设备更新等资本投资，并因此形成了实质上的资本性支出周期。

朱格拉周期的度量一般采用设备投资占 GDP 的比例指标，而企业投资收益的走势是决定资本投资与否的核心影响因素，因此企业预期投资收益是设备投资占 GDP 的比例指标的领先观测指标。这背后的逻辑是企业预期未来需求还会持续走强，投资收益会持续增加，因此通过扩大市场占有率和销售额、更新设备、提高产能等方式提升收益是明智的选择，由此形成了大多数企业和宏观经济整体的资本投资的周期性表现。

朱格拉周期通常用设备投资占 GDP 的比重来度量，但其实这并不客观反映经济增长与否。如果设备投资和 GDP 同比例增长或减小，则设备投资占 GDP 的比重指标看起来就是恒定的，但实际上 GDP 确实增加或减少了。设备投资占 GDP 比重指标其实更真实地反映设备投资对经济的贡献程度，朱格拉周期则可看成是设备投资对 GDP 贡

资本性支出周期（朱格拉周期）的经济特征

长度和振幅：

　　平均长度9—10年，频率会受到具体的创新、贸易自由化等因素的影响而有所变化。

　　衰落阶段可能会持续2—2.5年，不同经济体可能会存在差异。

　　波动幅度可能很大。

主要驱动因素：

　　设备投资等资本性投资。

　　资本性支出在发达经济体中大约平均占年度GDP的10%，在快速增长的新兴市场中所占的比例会更高，与经济发展和技术创新的不同阶段有关。

破坏效应：

　　可能很大，因投资下降可能导致急剧的经济萎缩和一系列的债务危机、银根紧缩甚至是经济危机。

积极效应：

　　消除通货膨胀（货币蓄水池）。

　　推进机械化进程，减少人工成本。

关键指标：

　　设备投资占GDP的比例、产能利用率、企业预期投资收益率、设备投资增长率。

　　　　备注：参考《逃不过的经济周期》（拉斯·特维德著，董裕平译）

献度的周期性变化，因此也被看成是资本性支出的周期性变化。

　　当然，如果为了度量经济的增长变化，用设备投资增长率指标来判断是一个合理的指标，因为设备投资是GDP的主要构成要素之一，度量设备投资增长率的周期性变化本身就构成了GDP周期性变化的一部分。

　　我们统计美国设备投资总额的增长率指标可以发现（见图9-3），自1932年至2016年间，美国设备投资增长共经历了9个周期，平均

长度为 9.33 年，最短的 6 年，最长的约 13 年。1932—1938 年期间
和 1938—1946 年期间波动极其剧烈，1946—1958 年期间较为剧烈，
其余周期内波动相对比较平稳。

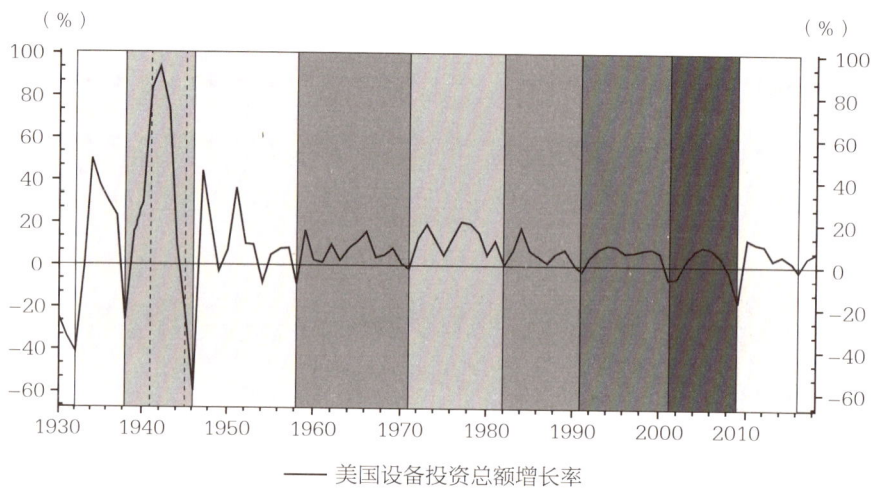

—— 美国设备投资总额增长率

数据来源：Wind

图 9-3

　　1932 年是 20 世纪 30 年代美国经济危机中最黑暗的时刻，也是
第一个周期的最低点，其间罗斯福上台后实行新政刺激经济。1936 年
经济形势显著好转后，政府收紧信贷、削减开支以平衡预算。1937 年
秋末又现凶猛的经济危机，罗斯福政府不得已于 1938 年初夏重新放
松信贷和扩大联邦政府开支。1938 年秋末起，经济又开始回升。由此
可见财政政策和货币政策对经济周期的强烈影响。

　　到 1939 年，国际局势紧张，国家重点转向扩军备战。罗斯福注
意力日益集中于国际事务，新政告一段落。1941 年美国对德日宣战，
1945 年日本战败投降，1946 年美国经济开始反弹。

从美国的统计情况和当时的历史情况我们可以发现，战争、财政政策和货币政策等因素都可以显著影响朱格拉周期的波动幅度。

那中国经济是否也存在朱格拉周期呢？

我们采用国家统计局公布的全社会固定资产投资完成额设备及工器具购置同比增长率数据进行研究，可以发现自 1982 年至 2017 年间，有 4.5 个周期波动，平均长度为 7.8 年。1982—1989 年为半个周期，1989—1995 年为一个周期，1995—2002 年为一个周期，2002—2011 年为一个周期，2011—2017 年为一个周期。从图 9-4 中可以看出，资本性支出在 2016 年后就只有极小增长。

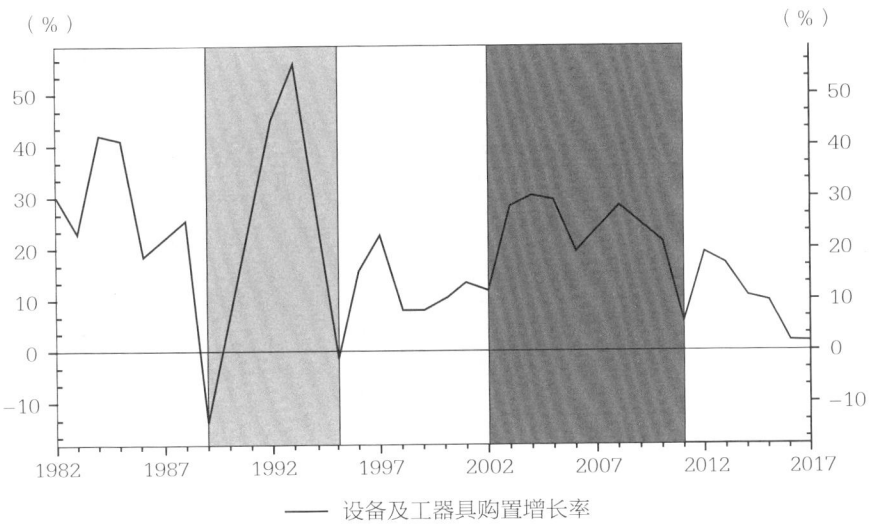

设备及工器具购置增长率

数据来源：Wind

图 9-4

如果按设备投资占 GDP 的比重指标来分析，我们得到图 9-5，会发现设备投资占 GDP 的比重指标滞后于设备投资增长率指标，因此设备投资增长率指标是一个领先观测指标。

从图 9-5 可以看出使用设备投资占 GDP 的比重指标得出的周期数量是 3 个完整周期和一个不完整周期，完整周期的平均长度是 10年。第一个完整周期是 1981 年至 1990 年（9 年），第二个完整周期是 1990 年至 1996 年（6 年），第三个完整周期是 1996 年至 2011 年（15 年，其间由于经历了 2008 年全球金融危机，中国实施了 4 万亿元的基建刺激计划，因此可以看到在 2009—2010 年设备投资占 GDP的比重出现了显著上升的情况，可见财政政策对经济的巨大影响）。2011 年至 2017 年是一个不完整周期，如果按平均 10 年的周期长度来预测，第四个周期将在 2021 年结束；如果按最短的 6 年来预测，第四个周期在 2017 年已经结束；如果按最长的 15 年来预测，第四个周期将在 2026 年才会结束。

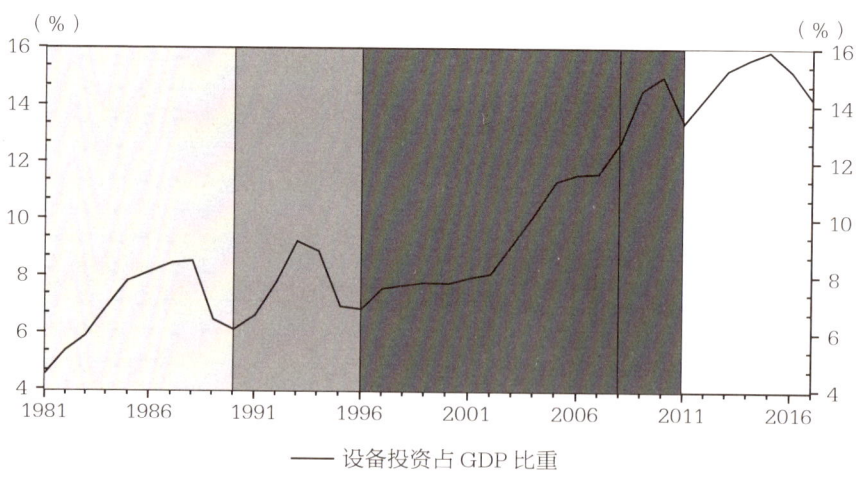

数据来源：Wind

图 9-5

资本性支出对应的是生产产能的规模，当资本性支出达到顶点时，说明经济供给侧产能也达到顶点。按照经济中普遍存在的产量滞后于需求，产能滞后于产量的时滞现象，中国后续有可能存在整体经济供给面临产能过剩的情况，步入资本性支出周期下行的阶段。国家提出来的供给侧改革和产能过剩调整正是针对上述情况而进行的主动应对，如果被动等待泡沫的破裂，对经济的影响将更为恶劣。

朱格拉周期对经济的影响比存货周期要大得多，这主要是因为其规模更大。2017 年中国全社会固定资产投资完成额设备及工器具购置总额约 11.56 万亿元，同期 GDP 约 81.53 万亿元。

投资人在分析项目所在经济体的经济周期环境时，对经济周期所处位置的掌握有助于判断资产或产品价格后续的走势。经济周期是一个最高效的分析工具，更是把握投资切入时点和退出时点的参考。一个朱格拉周期 9—10 年的时间往往也是一个项目从导入到成熟所需要的时间长度，如果在经济周期的波峰退出，往往可以获得更好的资产价格，如果在波谷退出，则难逃亏损的命运。

3. 库兹涅茨周期

1930 年，美国经济学家西蒙·库兹涅茨在《生产和价格的长期运动》一书中提出了一种平均长度大约为 20 年的经济周期，这是根据对美、英、法、德、比利时等国从 19 世纪初到 20 世纪初 60 种工农业主要产品的生产量和 35 种工农业主要产品的价格变动的时间数列资料进行研究后得出的结论。有意思的是库兹涅茨在其著作中的研究对象并不是房地产，其观测的指标并不是房地产相关的指标，但由于库兹涅茨周期主要是由房地产驱动形成的，因此库兹涅茨周期反而被用来命名房地产周期。

第一位研究房地产周期的人是芝加哥房地产经纪与顾问霍默·霍伊特，他在 1933 年出版了《百年来芝加哥地区的土地价值》一书，该书对从 1830 年至 1933 年这 103 年间的房地产交易统计数据以及相关的所有商业、政治及人口统计数据进行了研究，并披露了众多循环出现的经济现象。按芝加哥土地价格达到顶峰的时间间隔，可以计算出其平均周期长度是 18 年。

在霍伊特的著作出版之后，更多人加入到房地产周期的研究上来。普林斯顿大学的克拉伦斯发表了《建筑业中的长周期》（1939年）和《建筑周期与投资理论》（1940 年），克拉伦斯经过研究发现在 1868 年至 1935 年间美国存在着周期长度为 18 年的城市建筑周期。另一位美国房地产经纪商罗伊·温茨利克在 1974 年做了一项研究发现，1795 年至 1973 年这 178 年间，美国全国的房地产周期平均长度为 18.33 年。

按前面第三章关于房地产周期的分析，房地产周期是基于人口这个最根本需求而出现的。温茨利克发现的房地产周期平均长度为18.33 年也符合之前关于人口生育年龄的假设猜想，且可以从侧面说明美国在这 178 年中关于生育的年龄整体没有太大变化。

如果说在 1973 年之前对美国房地产周期的主要影响因素是人口，那么从 1971 年之后影响因素就有了新的变化，因为自此以后货币政策扮演了越来越重要的作用。我们统计自 1947 年至 2017 年间美国房地产投资数据后发现，在 1970 年之前整个房地产投资规模和之后处

房地产周期（库兹涅茨周期）的经济特征

长度和振幅：

　　平均长度约 20 年，频率会有变化且受利率趋势的影响（受贸易自由化和央行政策影响）。

　　典型的衰退期可能会持续 3—3.5 年。

　　波动幅度可能很大。

主要驱动因素：

　　房地产建造活动及房地产价格的财富效应。

　　在发达经济体中房地产建造占 GDP 的比例要高于新兴市场国家。

破坏效应：

　　房地产价格崩溃之后几乎总是出现严重的长期衰退，这也导致金融部门出现问题。

积极效应：

　　消除通货膨胀（货币蓄水池）。

　　增加储蓄率。

关键指标：

　　房价收入比、房价与 GDP 之比。

备注：参考《逃不过的经济周期》（拉斯·特维德著，董裕平译）

于不同的数量级，从 1970 年开始至 2006 年美国房地产投资规模开启了疯狂发展的模式，直到 2006 年次贷危机开始显现，2008 年次贷危机席卷全球。

　　为何是从 1971 年开始呢？因为在 1971 年发生了一个影响全球经济金融格局的事件——美国宣布美元不再与黄金挂钩，布雷顿森林体系崩溃。自此，美元的发行再也不需要以黄金为储备，可以凭借国家信用进行发行。为此，1974 年，美国与世界主要产油国沙特签署的"石油美元"协议规定，沙特将以美元计价出售其石油。由于石油

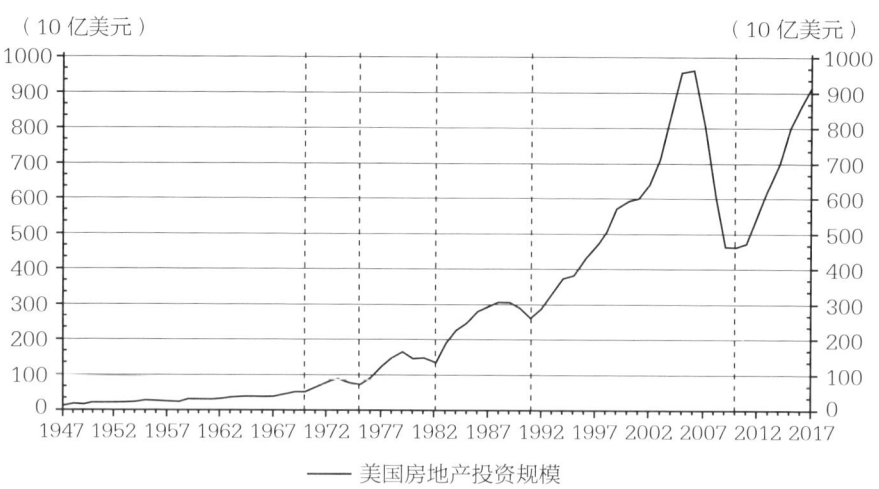

图 9-6

是所有国家和经济体主要能源之一，是必需品，因此只要有石油需求，就必须持有美元。自此，美元找到了替代黄金背书的新工具，那就是石油。只要石油还在，只要大家还需要石油，只要石油贸易还用美元结算，那美元就永远有价值，就是硬通货。自此以后美国开启了货币扩张的道路，美元通过各种途径从美国本土流向海外，为全世界各国持有。随着美元供给的不断扩大，资产价格和对经济的刺激效应也显现出来，所以我们在统计中才会看到在 1975 年美国房地产投资略微下滑后迅速反弹，并从此一路走高。

自 1970 年至 2010 年整整 40 年间，美国房地产投资经历了 4 次起落，平均周期只有 10 年，这看起来已经突破了之前 178 年间一直保持的 18.33 年的规律，是美国人的生育年龄提前到 10 岁了吗？显然不是。

《美国次贷危机产生的原因》一书大致提供了核心的解释，那就是美国政府采取了错误的住房激励政策，让中低收入美国居民能够拥有自己的住房。为了实现上述目标，美国国会在 1977 年通过了《社区再投资法案》督促银行等金融机构向经济能力较差、风险较高的私人或是商业机构发放房地产抵押贷款。这无疑极大地催生了新的需求，而这类需求在之前的 178 年间是不能转化成实际需求的。美国政府通过上述逼迫银行提供贷款的方式增加了货币，而美国银行为了规避这些低收入群体坏账风险又将这类住房抵押贷款包装成资产证券化产品后在全球销售，这样即便是坏账，受损失的也是全球投资者，美国人却由此享受了长达几十年的住房改善和经济增长。图 9-7 是美国货币供给和房地产投资的走势图，从中可以发现货币政策对房地产投资的显著和一致影响。在 2008 年美国次贷危机之后，美国为了提振经济继续保持了货币宽松政策，其房地产投资也因此被强力拉回增长通道。

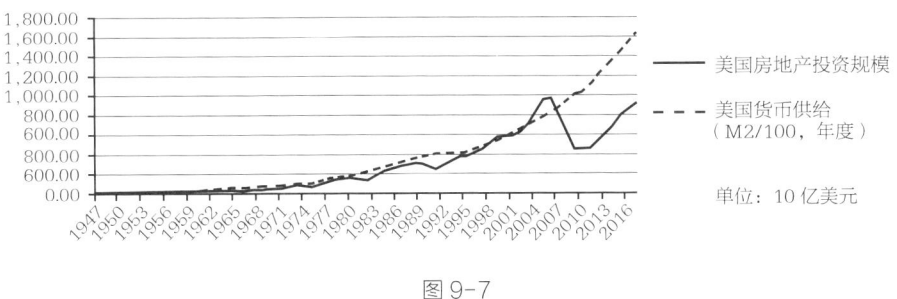

图 9-7

在货币政策这个工具被发明之后，房地产周期已经由原来单一的 18—20 年的普通规律变得极其复杂，需要更多地关注货币政策等需求刺激政策的情况才能预测。

那中国的房地产市场和周期是怎样的呢？中国自1984年进行住房商品化改革开始，房地产投资开发额随之不断增长，自1986年至2018年整整32年间一直呈现快速上升趋势，并没有表现出18—20年的库兹涅茨周期。（见图9-8）

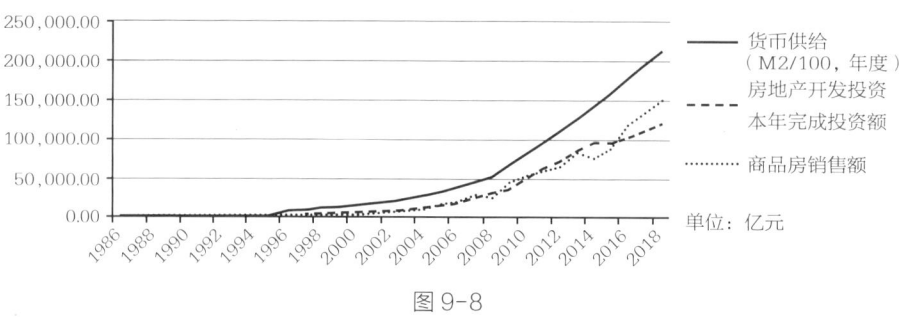

图9-8

借鉴美国房地产市场发展的历史，我们分析这主要基于两个原因：

一是中国在1984年之前一直没有实行住房商品化，在改革开放之后原来冻结的住房购买需求在几十年间逐渐释放，因此这个需求与西方国家有所不同，住房商品化改革的这几十年还处在第一次需求满足阶段。在初始需求得到完全满足之后，后续才会根据人口结构产生稳定的房地产周期。

二是中国借鉴了西方国家发展经验，少走了弯路。通过宽松的货币政策刺激和满足了住房消费需求，同时也提振了经济。从上图中可以看到中国房地产开发投资完成额和商品房销售额的走势都和货币供给基本一致。因此，得益于需求本身和货币政策，中国房地产产业获得了 30 多年的快速发展且一直没有走向衰退。但正如前文所述，任何行业的发展都不可能永远一路向上，总有达到顶峰的一天，中国房地产市场的发展也一样。中国也不可能永远依靠房地产作为经济增长的主要构成，因此国家才会在近些年不断强调和落实对技术创新的支持，以期通过技术进步获得新的经济增长。

对于投资人来说，对房地产周期的研究是必须要做的，因为房地产投资规模占经济总体规模较大。对于经济结构还处于初级阶段、技术创新等对经济的贡献尚不显著、更多的还要靠房地产周期来驱动的新兴市场主体更是如此。

4. 康德拉季耶夫周期

康德拉季耶夫周期又称长周期或长波，是 20 世纪 20 年代俄国经济学家康德拉季耶夫提出的一种长度为 50 年左右的资本主义经济的经济周期。长波指的是经济成长过程中上升与衰退交替出现的一种周期性波动，由于该周期比当时人们发现的另外两种经济波动周期（朱格拉周期和基钦周期）明显更长，因此被叫作长周期或者长波。康德拉季耶夫的贡献在于用大量经验统计数据检验了长周期的设想，从而使之成为一种比较系统的周期理论，随后"康德拉季耶夫周期"这一术语在世界经济学界被广泛使用。

众多的研究认为技术创新和变革是康德拉季耶夫周期的核心驱动力。第一次周期大约从 1783 年到 1842 年（59 年），正是处于第一次工业革命时期，这期间主要由蒸汽机的发明和运用引发的工业化驱动，工业制造取代人工制造，对经济的影响是大量资本家投资新设备进行工业化生产，从而极大地刺激了产出，获得了丰厚的利润。第二次周期大约从 1842 年到 1897 年（55 年），这期间主要由铁路技术等驱动，如美国在此期间进行了横贯东西的铁路建设，因此大幅缩短了物流时间、减少了交通成本，并带动了沿途的各项产业和投资。第三次周期在 1897 年以后，由所谓的电气化、汽车技术等驱动。其后由于战争、技术进步频率加快等各种因素影响，康德拉季耶夫周期的长度变得更具不确定性，甚至出现了可以通过加快技术创新改变既有周期的情况。

5. 经济周期小结

其实我们从存货周期、资本性支出周期、房地产周期等可以看出，存货、固定资产、房地产等都是构成 GDP 的重要元素，而研究这些构成要素的周期性规律，自然有助于了解整体经济的周期性规律，而这些构成要素的周期性规律都逃不开行业生命周期的规律。因此投资人有必要针对 GDP 构成中具体的消费支出也进行相关的周期性研究，在影响周期的根本因素上下功夫，可以获得更好的经济表现。

我国对于经济的宏观管控有着独特之处，善于进行逆周期调节，通过提前或过程中的政策选择进行引导，因此我国的经济周期与其说是自然形成的，不如说是宏观设计而成的，研究宏观政策在中国是一个必须要会的投资技能。实际上我们可以看到，很多项目的成功更多的是在宏观的经济周期下做出的正确决策，之后才是在项目层面选择了成功概率更大的团队。

四、财政政策

宏观的经济周期因各种原因不断地波动着，有时候不得不采取适当的干预，财政政策正是政府惯用的政策工具。1938 年美国政府重新扩大联邦政府开支、2009 年中国政府启动 4 万亿元基建投资计划都是典型的例子。

因此对于政府财政政策的时刻关注，更是项目投资的决策前提。

五、货币政策

货币政策长期来说对资产价格的影响深远，短期来说对利率的影响是深刻的。这既影响估值，也影响企业权益乘数的决策。

和关注财政政策一样，关注货币政策也是项目投资决策的前提。在一个正准备开启货币紧缩的时点和一个开启货币宽松的时点，毫无疑问是后者更具被投资价值。

六、庄稼理论

上面就项目分析提出的宏观框架也许会让读者觉得人、行业、经济周期、财政政策、货币政策这几者之间的逻辑松散且难以记忆，此时也许可以用到一个老庄稼汉曾经给我讲过的关于怎样从土地获得尽可能大的回报的方法（后文简称"庄稼理论"）：

①要找最好的庄稼汉。

②要找最肥沃的土地。

③要根据时节来耕作（春耕秋收、一年多季）。

④如果不是最肥沃的土地，要在必要情况下适度施肥（弥补土地缺陷）。

⑤如果错过了时节，要采取措施适当补种补收（弥补时节缺陷）。

上述老农的朴素认知哲学让我们在学习了众多的经济金融和投资管理的专业知识后感觉是如此的熟悉，如果我们把庄稼汉看作是企业管理者、把土地看成是行业、把时节看作是宏观经济周期、把施肥决策看作是财政政策、把错过时节而采取的补救措施看作是货币政策，那老农的庄稼理论就变成了提高企业利润的如下逻辑：

①要找最好的管理团队。

②要找利润最高的行业（俗称风口）。

③要根据经济周期阶段来投资（导入期投入，成熟期或衰退早期退出）。

④要采纳合适的财政政策（刺激特定行业，弥补行业缺陷）。

⑤要采纳适宜的货币政策（刺激经济周期，弥补周期缺陷）。

现在再来看人、行业、经济周期、财政政策、货币政策之间的逻辑，也许大家就觉得顺畅了。

第十章

总　结

一、关于分析框架

笔者希望提供一本能够将各类经济金融和管理知识融会贯通，并且有助于指导股权投资从业者或对此感兴趣的人进行实际的分析研究的书。笔者也希望此书对于企业的管理者，包括创业者有一定的帮助，希望他们能够更加理解资本和投资人，更加理解企业的实质。

当投资人获得一个项目信息的时候，首先要从宏观经济环境着手，整体了解经济周期所处的位置，对各类经济周期中的小周期也要研究。在现有经济周期的表现上，把国家实施的财政政策和货币政策作为判断未来整体经济形势和趋势的基础。这些对于经济周期和宏观政策的研究是项目投资分析的基础，必须先行。

在具体项目层面上，笔者建议首先分析项目的流动性如何，也就是投资了这个项目以后如何退出。项目股权未来的潜在买家是谁？潜在购买力有多大？这些都是实现投资收益的必要条件和先行条件。当一个项目连退出途径都没有是很难实现高收益的。

在确定了流动性没有问题之后，才来研究项目的收益问题。项目投资的成本与估值有关，项目投资的收入与持有期间分红和退出价格有关，退出价格与未来分红折现有关，因此，本质上项目收入与项目分红主要相关，项目分红又与企业净利润和现金流有关。所以，研究项目的收益就转变成了研究企业 ROE 和现金流，企业 ROE 由销售净利率、总资产周转率、权益乘数决定。销售净利率与售价和成本有关，因此研究对象转变为对价格、成本的现状和未来趋势的研究。总资产周转率与销售总额有关，销售总额与销售量密切相关，销售量与市场规模、发展阶段、市场竞争密切相关。权益乘数与负债有关，不同的负债可能形成优劣不同的权益乘数。关于收益的所有因素分析完成后基本可以模拟和预测出被投资项目未来自身的收益，从而可以间接计算出投资人的投资收益。

在研究完收益之后就要研究风险了。风险的分析逻辑与收益的分析逻辑完全一致，就是对利润和现金流形成的所有过程和因素进行逐个排查。收益分析中所进行的预测是基于最可能的发展趋势做出的判断，风险分析则要判断预测偏差的可能性和概率大小，以此判断收益分析所得预测的可靠程度。

至此，本书的所有分析框架就讲解完毕。

需要特别指出的是，本书的应用领域是一级股权投资市场，而不是二级市场，直接将上述分析框架和理论运用于二级股票市场将有可能遭受巨大的损失。这其中主要的原因在于一级市场和二级市场流动性的差异，二级市场中股票的流动性好，价格随时波动，当然就存在非理性波动的情况，且往往大部分时间是非理性状态，因此股票的价格和股票的价值之间往往存在偏差。使用本书的研究方法对二级市场公司股票做出的肯定结论，并不代表着这个公司的股票就值得买，因为也许很多人都得出这个结论，导致大家都蜂拥抢购这个公司的股票，最后股票的价格就被抬高了。

若想要在二级市场中也运用上述分析框架和理论，大家需要与另外一本书《投资最重要的事——顶尖价值投资者的忠告》（霍华德·马克斯著）配套使用，两本书结合起来提供了针对二级市场较全面的逻辑分析体系，相信对想要进入二级市场的朋友也会有所帮助。

二、思维导图

见附图插页。

图书在版编目（CIP）数据

读懂投资人：一本书教会你股权投资和风险投资 /
陈胜著. —深圳：海天出版社，2020.7
ISBN 978-7-5507-2892-9

Ⅰ.①读… Ⅱ.①陈… Ⅲ.①投资 – 通俗读物
Ⅳ.①F830.59-49

中国版本图书馆CIP数据核字(2020)第063961号

读懂投资人：一本书教会你股权投资和风险投资
DUDONG TOUZIREN YIBENSHU JIAOHUI NI GUQUAN TOUZI HE FENGXIAN TOUZI

出 品 人	聂雄前
责 任 编 辑	曾韬荔
责 任 技 编	梁立新
装 帧 设 计	自留地　交流邮箱：919679085@qq.com

出 版 发 行	海天出版社
地　　　址	深圳市彩田南路海天综合大厦（518033）
网　　　址	www.htph.com.cn
订 购 电 话	0755-83460239（邮购、团购）
排 版 制 作	深圳市龙墨文化传播有限公司（0755-83461000）
印　　　刷	深圳市晶宇印刷有限公司
开　　　本	787mm×1092mm　1/16
印　　　张	14.25
字　　　数	200千
版　　　次	2020年7月第1版
印　　　次	2020年7月第1次
定　　　价	68.00元